Hans Ulrich Gumbrecht · Crowds

Hans Ulrich Gumbrecht

Crowds

Das Stadion als Ritual von Intensität

Klostermann Essay 5

Bibliographische Information der Deutschen Nationalbibliothek
Die Deutsche Nationalbibliothek verzeichnet diese Publikation in
der Deutschen Nationalbibliographie; detaillierte bibliographische
Daten sind im Internet über *https://dnb.dnb.de* abrufbar.

© Vittorio Klostermann GmbH · Frankfurt am Main · 2020

Alle Rechte vorbehalten. Ohne Genehmigung des Verlages ist es
nicht gestattet, dieses Werk oder Teile in einem photomechanischen
oder sonstigen Reproduktionsverfahren oder unter Verwendung
elektronischer Systeme zu verarbeiten, zu vervielfältigen und zu
verbreiten.
Gedruckt auf alterungsbeständigem Papier.
Satz: Marion Juhas, Frankfurt am Main
Druck und Bindung: Hubert & Co., Göttingen
Printed in Germany
ISSN 2626-5532
ISBN 978-3-465-04385-0

to Ricky,
with heartfelt gratitude for
thirty silent years of Stanford Football,
together,
and thirty-three years full of Life

Inhalt

Leere Stadien	9
Stadion-Massen	25
»Verachtung der Massen«	43
Massen der Vergangenheit	61
In der Masse – lateral: Schwärme, Spiegelneuronen, Primaten	81
In der Masse – vertikal: mystische Körper, Intensität, Verklärung	99
Stadion als Massen-Ritual	123
»You'll Never Walk Alone« (Dortmund, 13. März 2016)	141
Zusammen-Denken	151

Leere Stadien

Es muss wohl doch eine Sucht sein, vermute ich, nicht nur »so etwas wie« eine Sucht. Bestenfalls eine »sekundäre Sucht«. An mir noch nicht bekannten Stadien vorbeizufahren, ohne anhalten zu können und zu fragen, ob es Führungen gibt oder andere Möglichkeiten, den Innenraum zu besichtigen, schmerzt mich im wörtlichen Sinn, zumal wenn es um Stadien geht, wo berühmte Mannschaften spielen. Meine Frau, unsere beiden Töchter und selbst die zwei sportbegeisterten Söhne sind deshalb schon immer bereit gewesen, erheblich Zeit zu investieren, um Stadien auf unserem Weg zu vermeiden, wenn wir zum ersten Mal in eine Stadt kommen. Sie meinen es einerseits wirklich gut mit mir, schützen sich andererseits so aber auch vor einschlägigen Vorlesungen in hochgestimmtem Ton, die ich einfach nicht zurückhalten kann, obwohl ich weiß, dass sie niemand hören will.

Ein Glücksfall also für alle Beteiligten, wenn ich allein auf ein Stadion stoße – oder mir allein die Zeit nehmen kann, es kennenzulernen. Wie Ende 1990, als ich nach Buenos Aires gekommen war, um ein paar Vorträge zu halten (bis heute mein Hauptgrund zum Reisen), und einen langen Nachmittag für die Touristenattraktion des früheren Hafenviertels »La Boca« reservierte. La Boca hat eine besondere Rolle in der Geschichte des Tango gespielt und macht mit den manchmal bemalten, manchmal verwitterten Wellblechfassaden seiner Häuser die Stimmung vom Ende des neunzehnten Jahrhunderts spürbar, als die Stadt unter dem Ansturm mehrerer Einwanderungswellen zu einer internationalen Metropole wurde. Viele Europäer wollten damals in Südamerika, vor allem in Argentinien den Kontinent und das Land der Zukunft sehen. Vor allem aber gehört zu jenem Teil von Buenos Aires »La Bombonera«, das 1940 eingeweihte Stadion der Boca Juniors, dem zusammen mit River Plate erfolgreichsten und gewiss populärsten Club im argentinischen Fußball.

Nach dem Titelverteidiger und Goldmedaillengewinner Uruguay war es vor allem Argentiniens Nationalmannschaft, die bei den Olympischen Spielen von 1928 in Amsterdam ihren Sport auf den Weg zu einer internationalen Faszination brachte – und schon damals spielte Boca Juniors dort, wo heute La Bombonera steht. Der (natürlich inoffizielle) Name des Stadions lässt sich ins Deutsche am besten mit dem Wort »Pralinenschachtel« übersetzen und nimmt Bezug auf drei (vor allem hinter den beiden Toren) besonders steil aufsteigende Tribünen, die ein vergleichsweise enges Spielfeld umgeben (seine

Maße entsprechen knapp den Minimalanforderungen der FIFA) und deren eigentümliche visuelle Tiefen-Wirkung eine flache vierte, ursprünglich offene und heute für Luxussuiten reservierte Seite nur unterstreicht. Diese im Lauf der Jahrzehnte entstandene, nie wirklich geplante Architektur erklärt auch die Akustik, welche La Bombonera berühmt und für Auswärtsmannschaften berüchtigt gemacht hat. Mehr noch als die größere, 1938 eröffnete und in ihrem Bau konventionellere »Cancha Monumental«, die River Plate gehört, dem Oberschichtenclub von Buenos Aires und Bocas Rivalen, kondensiert der Raum von La Bombonera die farbigsten Momente entlang der nationalen Fußballgeschichte. Zwar hat Argentinien 1978, auf dem Höhepunkt einer gnadenlosen Militärdiktatur, in der »Monumental« gegen Holland seine erste Weltmeisterschaft gewonnen, doch in La Bombonera wurde Diego Armando Maradona zum Star und dort besitzt er bis heute eine Suite. Über jeden Vergleich mit Lionel Messi hinaus ist Maradona der populärste Argentinier geblieben und für mich, zusammen mit Mané Garrincha aus der brasilianischen Generation von 1958 und 1962, die höchste Verkörperung von Fußball-Charisma.

So faszinierend der Tango ist, natürlich war ich wegen des Stadions nach La Boca gekommen und sparte also den Höhepunkt des Besuchs für den späteren Nachmittag auf. Beflissen kaufte ich eine Eintrittskarte für das Boca Juniors Museum, »beflissen« angesichts der nicht nur heimlichen Überzeugung, dass sich die Bewegungen eines Sports und die Intensität von Stadion-Ereignissen kaum über noch lederfarbene Bälle oder verwaschene Trikots vermitteln lässt, nicht einmal, so interessant sie ja ab und an sein können, in den meist schwarz-weißen Dokumentarszenen, die dort über viele Bildschirme laufen (weil ihnen eben die Offenheit des Spielausgangs fehlt). Zu hören, dass die letzte Stadionführung des Tages schon unterwegs sei, beunruhigte mich keinesfalls. Im Gegenteil, ich wusste, dass ein gut platziertes Trinkgeld auf eher bescheidenem Niveau ausreichen würde, mir im rechten Moment ganz allein Zugang zu den drei Tribünen zu verschaffen.

Und so kam es. An die Zahl der »Australes« (damals die argentinische Währung) kann ich mich nicht mehr erinnern, aber der junge Mann im dunkelblau-gelben Overall (das sind die Vereinsfarben), dem ich sie gab, nannte mich gleich »Caballero« und aktivierte auch sonst noch allerhand Höflichkeitsformen, an die er hörbar nicht gewohnt war. La Bombonera überwältigte mich. So steil schießen ihre Tribünen nach oben, dass jeder Schritt die aufregende Befürchtung auslöst, man könne stolpern, ausrutschen, fallen. Von der letzten Reihe über dem vom Eingang entfernten Tor aus eröffnete sich ein ähnlich steiler Blick nach unten. Hier, wirklich hier, hatte der junge Maradona gespielt – der während der frühen neunziger Jahre noch in Spanien aktiv war. Eine lange Fußball-Geschichte hing über dem Stadion und wurde spürbar wie ein nationales Gewicht, obwohl ich nur wenige ihrer Namen und Daten kannte. In meiner Vorstellung füllten sich die leeren Ränge mit fünfzigtausend Fans und ihren Gesängen, die ich noch nie gehört hatte.

Mit einem Mal aber gingen die Lichter aus im frühabendlichen Stadion. Ob dies einer der damals in Buenos Aires üblichen Stromausfälle war oder ob mich die Boca-Angestellten hatten vergessen wollen, ist nie klar geworden. Über die nun geschlossene hohe Gittertür aus Metall zu klettern, die das Spielfeld mit den Tribünen von den Kassen, den Läden und dem Museum abtrennte, wagte ich nicht. Und warum auch? Kalt würde es über Nacht nicht werden angesichts der Jahreszeit. Ohnehin kamen mir damals noch Gefahren, die ich nicht sah oder von denen ich nicht wusste, kaum je in den Sinn. Also richtete ich mich zum Sitzen und engen Liegen auf halber Höhe der Tribüne ein, hinter dem entfernten Tor, und ließ die kindlichsten Wünsche und ihre Bilder durch meinen Kopf ziehen: Steilpässe für Diego Maradona; mit Tausenden von Boca-Fans singen in den späten vierziger Jahren, der Zeit von Juan Domingo und Evita Perón, auch der Ära des großen Alfredo Di Stéfano, der allerdings für River spielte. Gelangweilt habe ich mich keinen Augenblick in jener Nacht, und vom frühen Licht zusammen mit dem Krächzen großer schwarzer Vögel (suggeriert meine Erinnerung) muss ich aufgewacht sein. Zehn Stunden allein im leeren Stadion waren eher ein erfüllter Traum als ein Alptraum und fühlten sich an, als sei ich Teil einer Geschichte geworden, als sei die Nacht meine Taufe und damit mein Eintritt in eine Gemeinschaft gewesen. Bald sah ich von weitem denselben Mann im blaugelben Overall die Gittertür aufschließen. Weder überrascht noch erschrocken wirkte er, und ich gab ihm wieder ein paar Australes. »Gracias, Caballero«. Kein Problem, ein Taxi zurück zum Hotel in der Innenstadt zu finden, wo noch Frühstück serviert wurde.

Mittlerweile weiß ich, dass ich nicht allein bin mit der Sucht nach den leeren Stadien. So oft es für einen möglich ist, der in Kalifornien lebt (also selten mehr als einmal pro Jahr), möchte ich Borussia Dortmund, im Fußball die Mannschaft meines Herzens, in ihrem berühmten Stadion spielen sehen – und die letzten Male habe ich mich dort mit meinem Freund Jochen getroffen. Eben mit Jochen, der das Spiel ganz anders, viel analytisch-kompetenter anschaut als ich, und der übrigens kein Dortmund-Fan ist, gehe ich gleich nach Spielende als Inhaber der obligaten »Karte auf gehobenem Preisniveau« in die Lounge, trinke das (für mich) zweite Bier des Tages (und Jahres) – und dann will Jochen immer zur Tribüne zurück, was machbar und sogar erlaubt ist. Wir zünden beide noch eine Zigarette an (dort erstaunlicherweise auch erlaubt) und schauen so erschöpft wie erregt auf den Rasen. Um den Rasen herum, wo vor einer halben Stunde noch über achtzigtausend Leute saßen und standen, um den Raum zu füllen, ohne Platz zu lassen, wie ein einziger mystischer Körper, ist jetzt beinahe demonstrative Leere. Mit einer matten Wärme scheint das Licht noch, statt der Spieler in schöner Bewegung stehen am Rand des Spielfelds drei oder vier Angestellte, die den Rasen reparieren.

Kein anderes leeres Stadion löst bei mir (und vielen anderen) derartige Intensität aus wie das Stadion von Dortmund, vielleicht weil kein anderes schon so schwarz von Menschen ist, wenn man eine halbe Stunde vor Spielbeginn kommt. Nie sehe ich offene Räume auf der »Süd«, der größten Stehplatz-Tribüne in Europa, hinter einem der Tore. In der zweiten Hälfte des Lebens, muss ich gestehen (und wie ein schwieriges »Geständnis« erlebe ich das), in der zweiten Hälfte des Lebens ist mir die American Football-Mannschaft der Stanford University, wo ich neunundzwanzig Jahre unterrichtet habe, wohl noch mehr ans Herz gewachsen als die Borussia. Ab und an habe ich einen Spieler von Stanford im Seminar gehabt, manche habe ich zu überzeugen geholfen, bei uns zu studieren und für uns zu spielen. Aber obwohl das schöne und kompakte Stadion von Stanford bei allen Heimspielen mit über fünfzigtausend Karten ausverkauft ist, bleiben manche Reihen ganz frei (Dauerkarten funktionieren für viele »Ehemalige« vor allem als Spenden), wir Fans sind nie laut genug, und die Fans der anderen Mannschaften nennen unser Stadion »the Library«, was mir sehr peinlich ist.

Enttäuscht hat mich auch eine Tour im Santiago Bernabéu-Stadion von Real Madrid, wo in den mittleren siebziger Jahren, als ich oft nach Spanien kam, zum Beispiel Günter Netzer und Vicente del Bosque im Mittelfeld spielten – enttäuscht, weil die eigentlich interessanten Kommentare der Führung, ja selbst der Besuch der Umkleidekabine von der Vorstellung des vollen Stadions ablenkten. Das Estadio Centenario von Montevideo dagegen habe ich als so erregend wie das Dortmunder Stadion und La Bombonera in Erinnerung. Es wurde zur Hundertjahrfeier der Nationengründung 1930 und gerade fünf Tage vor dem Endspiel der ersten Weltmeisterschaft eröffnet, das Uruguay am 30. Juli vor 93.000 Zuschauern mit 4:2 gegen Argentinien gewann. Auch überkam mich das Gefühl, Teil einer kaum bekannten Geschichte zu werden, die in den Mauern steckte und mich adoptierte.

Doch wie kann man diese Faszination der leeren Stadien erklären – und nicht nur heraufbeschwören? Bemerkenswert ist, dass die berühmtesten Stadien kaum je an der Peripherie der großen Städte liegen, wie man aus praktischen Gründen erwarten sollte. Oft sind sie von der Entwicklung ihrer Städte im wörtlichen Sinn eingeholt worden, und seit einigen Jahrzehnten zeichnet sich sogar eine Tendenz ab, Stadien trotz der hohen Immobilienpreise tatsächlich in die urbanen Zentren zu holen. Dort umgibt sie – als außerhalb der Spieltage stillgelegte Räume – die nie zum Stillstand kommende Lebhaftigkeit des

Alltags. Sie sind eine säkulare Variante des sakralen Raums, ausgespart (dies genau bedeutet das lateinische Wort »sacer«) und reserviert für kurze Momente des Vollzugs von Ritualen, wie zum Beispiel und vor allem – wenn wir an die Kathedralen des Mittelalters denken und an katholische Kirchen bis heute – die Herstellung der realen Präsenz Gottes in der Feier des Eucharistiesakraments.

Es geht allerdings – trotz dieser Affinität von Stadien und Gotteshäusern – keinesfalls um eine Erneuerung der allzu geistreichen (und auch wohl kaum zutreffenden) These, dass der Zuschauersport von heute zu einem Funktionsäquivalent der Religion geworden sei. Wie die Leere und die Stille der Kathedrale ist auch die Leere des Stadions über die Woche auf die Intensität eines regelmäßig wiederkehrenden rituellen Zeitraums bezogen – und diese spezifische Zeit ist die Dauer des Spiels. Deutlicher noch als religiös-sakrale Räume und gleich mehrfach markiert das Stadion die Grenzen zwischen seinem Innen als Ort eines rituellen Geschehens und verschieden bemessenen Außenwelten. Am Spieltag gehen wir durch Drehkreuze ins Stadion und finden den einen uns zugewiesenen Ort; die Mannschaften kommen zum Aufwärmen aufs leere Spielfeld, eine andere Schwelle – und verlassen es für ihre letzten Vorbereitungen in der Kabine; dann kehren sie gemeinsam aufs Spielfeld zurück; unterstreichen den unmittelbar bevorstehenden Beginn des Spiels oft (vor allem in den Vereinigten Staaten) durch das

Singen einer Hymne; und wiederholen das doppelte Überschreiten der Grenze, hin und zurück, noch einmal am Beginn und am Ende der Halbzeit, bevor sie das Feld nach dem Spielende definitiv verlassen.

Doch während der Zeit des Spiels – und hier liegt der Kontrast zu Gotteshäusern und Religionen – wird das Stadioninnere zur kompakten Bühne einer kondensierten Form von diesseitigem Leben, nichts könnte weniger jenseitig sein. Nach dem vorweg festgelegten und doch als Ereignis einschneidenden Spielbeginn (Anstoß, Kick-off, Bully) finden dort Offenheit, Entscheidung, Strategie, Schicksal, Resonanz statt – indem sie auf uns zukommen und sich von uns fortbewegen. Alles, das ganze Leben, uns eingeschlossen, ist dann im Stadion versammelt, und die begrenzte Spanne der Vollheit von Leben und Sein steht in unablösbarem Gegensatz zur Leere des Stadions während der Woche. In dieser Doppelheit eben vergegenwärtigt das Stadion, was Martin Heidegger einmal die »eigentliche« – für Menschen nicht zu beantwortende – philosophische Frage genannt hat, die Frage nämlich, warum es Etwas gibt – und nicht Nichts. Diese Frage »vergegenwärtigen« heißt freilich nicht, sie »darstellen« oder »repräsentieren«. Spiele im Stadion sind weder Metaphern noch Allegorien von philosophischen Sachverhalten oder Problemen – nichts wäre ja der Intensität des Erlebens im Stadion abträglicher als die andere Intensität philosophischen Nachdenkens. Doch so wie mich La Bombonera für eine Nacht zum Teil von

Geschichten werden ließ, deren Namen und Daten ich nicht kannte, gehört zur Konzentration auf das Spiel ein Gefühl der bedingungslosen Relevanz, in dem sich wohl die Erhabenheit der eigentlichen philosophischen Frage verdichtet.

Ein Stadionereignis ohne Zuschauer kann es also nicht geben, schon weil dieses Ereignis als Ritual der Lebensfülle abhängt vom Kontrast gegenüber dem leeren Stadion, zu dessen besonderem Status wiederum die Vorstellung einer Zuschauerfülle gehört – im Vergleich dazu wird die »lautstarke« Unterstützung der Spieler durch ihre Fans zur Nebensache (und Statistiken zeigen, dass die Wirksamkeit des sogenannten »Heimvorteils« immer mehr abnimmt). Sicher, man kann ein Spiel ohne Zuschauer in den Medien (und sogar im Stadion) verfolgen und analysieren, aber dann ist es in seiner Realität wie in seiner Wirkung auf die Bildschirm-Zuschauer (»ontologisch« wie »existentiell«) nicht das, was es als Ritual sein kann und soll. Und eben unter dieser Prämisse eines spezifischen Potentials des Stadionereignisses verhält sich die »Masse«, verhalten sich die Tausende im Stadion nicht wie eine riesige Ansammlung von Individuen, deren Benehmen sich aus einem »Durchschnitt« vielfachen individuellen Verhaltens ergäbe.

In der Masse der Zuschauer zeigt sich ein anderes Phänomen, das weder mit einem sozusagen »großformatigen Individuum« zu verwechseln ist, noch mit einer Mentalität von angeblichen »Massenmenschen«. Auch diesen besonderen Status der Masse bringt das Stadion in unser Erleben, ohne ihn schon fassbar zu machen. Und um ihn vor allem soll es in meiner Überlegung gehen, genauer: um Begriffe, Thesen, Argumente, die ein anderes menschliches Verhalten – das Verhalten der Masse – konturiert beschreiben und in Ansätzen zu verstehen helfen können. Das ist mir schon lange ein Anliegen, weil ich nicht nur süchtig nach leeren Stadien bin, sondern einige der besten Momente meines Lebens als Teil von Massen verbracht habe – zum Beispiel als Teil der Süd-Tribüne in Dortmund. Nie habe ich mich dort bedroht gefühlt, so sehr mit fortschreitendem Alter die Stadionangestellten und auch Freunde mich daran erinnern, dass dies nicht mehr mein Ort sein kann. Andererseits will ich die Masse nicht mit gleichsam feuchten Augen romantisieren. Ihre Affinität zu Akten kollektiver Gewalt lässt sich nicht leugnen, möglicherweise ist diese sogar die einzige zum Massen-Verhalten gehörende Form, derer wir uns empirisch gewiss sein können. Doch vorerst halte ich an der Vermutung fest, dass es mit der Gewalt-Affinität in der Beschreibung des Verhaltens von Massen nicht getan ist.

Wie schon gesagt, das Thema liegt mir seit langem am Herzen, doch es hat auch – zumal in Deutschland – während der Wochen, in denen ich schrieb (und zu schreiben mir seit langem vorgenommen hatte), eine doppelte Aktualität und Vordergründigkeit erreicht. Im frühen Bewusstsein der Bedrohung durch das Corona-Virus kam es global zu einer kurzen Übergangsphase, in der Stadionereignisse vor allem aus wirtschaftlichen Gründen (um die aufgrund medialer Vermittlung erzielten Einkünfte zu erhalten) durch sogenannte »Geisterspiele« ersetzt wurden, das heißt durch Wettkämpfe im Stadion unter Ausschluss der Zuschauermassen. Mittlerweile (ich sitze über diesen Sätze in den letzten Apriltagen des Jahres 2020) sind Sportereignisse mit massiver Zuschauer-Präsenz weltweit aufgehoben, was erstens die Meinung ihrer wenigen in der Öffentlichkeit verbliebenen Feinde zu bestätigen scheint, dass sie immer eine »Nebensache« des Lebens geblieben waren – und zweitens auch der Forderung zugearbeitet hat, in einer Post-Corona-Welt den Zuschauersport langfristig in leere Stadien zu verbannen. Dies mag eine unaufschiebbare Konsequenz der Erfahrungen sein, mit denen wir eben konfrontiert sind, und wird wohl, sollte es wirklich dazu kommen, das Verhältnis zum Zuschauersport grundlegender verändern, als wir uns das jetzt vorstellen können.

Speziell in Deutschland überlagerten sich die ersten Gedanken zur Ansetzung von Geisterspielen wegen der Ansteckungsgefahr aber auch mit dem neuen Aufflammen einer hitzigen Konfrontation zwischen den Clubs der Fußball-Bundesliga als Unternehmen mit ihren Sponsoren und dem Deutschen Fußball-Bund (genauer: der Deutschen Fußball Liga) auf der einen Seite und jenen ihren jeweiligen Mannschaften bedingungslos treuen und tendenziell gewaltbereiten Fan-Gruppen auf der anderen, die sich gerne »Ultras« nennen. Mit konzertierten Aktionen hatten die Ultras verschiedener Mannschaften den Sponsor von 1899 Hoffenheim, SAP-Unternehmer und Milliardär Dietmar Hopp, im beinahe wörtlichen Sinn aufs Korn genommen. »Im beinahe wörtlichen Sinn«, weil die Fangruppen mehrerer Stadien Plakate gezeigt hatten, auf denen Hopps Gesicht bedeckt von einem Fadenkreuz zu sehen war. Würdenträger des Fußballbunds, leitende Manager der Clubs und auch ein Großteil der Spieler reagierten so, als hätten die Fans tatsächlich auf Hopp geschossen – und verlangten neben einer sofortigen Einstellung der Kampagne auch Entschuldigungen. Die bekamen sie als Retour-Kutsche unter anderem von den Schalke 04-Ultras, die sich förmlich bei allen Prostituierten dafür entschuldigten, Hopp einen »Huren-Sohn« genannt zu haben.

Schon lange war es ja wohl gar nicht mehr um Dietmar Hopp gegangen. Er wirkte nur noch als ein prägnantes Symbol, als eine symbolische Zielscheibe für Antipathie – nicht als ihr wirklicher Gegenstand. Eher kam über die Club-Rivalitäten hinaus ein ebenso starkes wie vages Gefühl der Ultras zum Ausdruck, dass ihre Präsenz und der Stil des Verhaltens, den sie in die Stadien brachten, dort nicht mehr willkommen seien. Diese Präsenz und dieses Verhalten der Massen hinreichend genau für eine wirkliche Diskussion (im Gegensatz zu wechselseitigen Vorwürfen) oder gar für produktive Verhandlungen zu beschreiben, vermochte niemand – die Manager und Verwalter nicht, weil sie ausschließlich auf den Gewaltaspekt fixiert waren, und die Massen nicht, weil sie sich anders als in Begriffen ausdrücken. Und um eine solche Möglichkeit des Beschreibens und des Verstehens in Ansätzen geht es mir auch.

Stadion-Massen

Wer in Dortmund auf der Süd steht, der hat seine Individualität zuhause gelassen und mit ihr auch alle Begriffe, die man im Alltag benutzt, um sein Verhalten zu beobachten und zu kontrollieren. Das muss der Grund sein, warum wir mit dem Namen »Süd« bei denen, die man dort trifft, zwar eine vertraute Form von intensivem Erleben abrufen können, aber keine Wörter für dieses Erleben haben. Ungeschickt wirkt ja schon der Ausdruck »Stadion-Masse«, weil er den Blick von außen auf eine Situation lenkt, deren elementare Prämisse gerade ein Innen-Sein ist. Allein mit unseren Körpern gehören wir zu einer Masse und werden in ihr Teil eines Verhältnisses zu anderen Körpern, das zunächst gar nichts mit gemeinsamen Interessen, mit Solidarität oder mit Konsensus zu tun hat, sondern eben nur mit Körpern. Anders gesagt: bei der Masse handelt es sich um die eine Form des Zusammen-Seins, um die eine Form menschlicher »Soziabilität«, deren Grund-Elemente Körper sind.

Selbstredend erlebt sich die Stadion-Masse nicht

als Masse, sondern dezentral, in jedem einzelnen Körper, als ein lebendiges Innen, das zunächst einmal keine Gestalt oder Kontur braucht. Und dieses Innen lässt im besten, das heißt: im vollsten Fall nicht mehr Platz als eben den, den jeder einzelne Körper in Anspruch nimmt. Niemand wird sich frei bewegen können in einer Masse, auch nicht auf der Stehtribüne, wo sich die Körper beinahe berühren, ohne dass es um Berührung geht. Niemand spricht unnötig mit den anderen. Alle sind ausschließlich auf das Spielfeld konzentriert, offen für das, was sich dort ereignen und nicht vorweggenommen werden kann. Man ist allein mit seiner Konzentration in der Masse und setzt doch voraus, dass die eigene Reaktion auf das Geschehen des Spiels von Tausenden analoger Reaktionen begleitet wird. Für dieses voraussehbare begleitet-Sein im Innen nehmen wir einen Blick auf das Ereignis des Spiels in Kauf, der kaum je unbehindert ist, nicht vergleichbar in Komplexität und Genauigkeit mit dem, was jede Übertragung durch die Medien liefert (natürlich rede ich von meiner eigenen Begeisterung und Entscheidung, manchmal in der Süd zu stehen – nicht von denen, die sich nur die billigsten Karten leisten können). Als Masse, in der Masse wollen wir gemeinsam möglichst nah, hautnah sozusagen, am Spielfeld sein, ohne je mit ihm eins zu werden, auch weil diese Nähe zum Spielfeld das Gefühl des Innen – in der Masse sein und im Stadion sein – verdoppelt.

»In der Masse sein« heißt also, sich am Schnittpunkt von zwei Beziehungen zu finden: in der lateralen Beziehung zu anderen Körpern, die einen begleiten, und in der gemeinsamen, gleichsam transitiven Beziehung zum Spielfeld und seinen spezifischen Phänomenen. »In der Masse sein« heißt zweitens und jedenfalls, Körper sein, Körper im Verhältnis zu anderen Körpern, aber auch in der Selbstwahrnehmung. »In der Masse sein« heißt schließlich in zweifacher Hinsicht innen sein: umgeben von anderen Körpern zum einen und zum anderen nah beim Spielfeld, eben im inneren Zentrum des Stadions. Gewiss kann man auch auf einem Sitzplatz »in der Masse sein«, solange die transitive Ausrichtung aufs Spielfeld ungebrochen bleibt und die laterale Beziehung zu anderen Körpern nicht in Konversation umschlägt – man kann sich in der Masse umarmen nach einem Tor, gemeinsam aufschreien, gemeinsam singen, aber man wird dort nicht Wissen oder Meinungen austauschen.

Definitiv kein Teil des Massen-Ereignisses und des Stadion-Innen ist deshalb die VIP-Lounge, wo die Ausrichtung auf das Spielfeld durch eine Vielfalt von Bildschirmen, durch Snacks und Drinks, vor allem aber durch Gerede variiert oder wirklich unterbrochen wird, so dass die laterale Beziehung zu den anderen Stadion-Besuchern, auf die wir dort stoßen, von den Körpern als Grundelement des Erlebens zum individuellen Alltags-Bewusstsein als Grundeinheit zurückkehrt. Mit anderen Worten: es sind gerade die VIP-Lounges und ihre Ablenkungen, die den über die Körper vermittelten Sonderstatus der Soziabilität im Stadion – als Soziabilität der Körper – brechen und aufheben. Die manchmal Hunderttausende von Menschen hingegen, die zusammenkommen, um etwa einer Papst-Messe beizuwohnen, verbindet gewiss eine Reihe von Affinitäten mit den Stadion-Massen. Doch meist geht religiösen Versammlungen im Freien eine architektonische Struktur ab, die ihnen als Masse Form gibt und dadurch tendenziell auch den konkret räumlichen Abstand zwischen den Körpern reduziert – es sei denn der Gottesdienst findet in einem Stadion statt. Für Konzerte populärer Musik scheint dies zunehmend der Fall zu sein, während die absolute Stilllegung der Zuhörer-Körper bei Konzerten klassischer Musik die Lateral-Beziehung mit den nebenan sitzenden Hörern zu einer schweigenden Bewusstseins-Beziehung zurückbringt – was wohl erklärt, warum es uns nie in den Sinn käme, von den Zuhörern eines Konzerts klassischer Musik oder einer Oper als »Masse« zu reden (von gemeinsamen Körperbewegungen im Rhythmus der Musik gar nicht zu reden). Eben die schon erwähnten elementaren Aspekte der Existenz in der Stadion-Masse möchte ich nun mit Erinnerungen an eigene Stadion-Erlebnisse illustrieren und differenzieren. Es geht um eine Sammlung von Beobachtungen als Vorgabe für den Versuch dieses Essays, das Verhalten von Massen in Stadien zu verstehen und tatsächlich in Ansätzen zu erklären.

Mit den fast überladen detaillierten Bildern, die wir für einige Momente unserer Kindheit und frühen Jugend reservieren, lässt sich bis heute ein Fußballspiel in meiner Vorstellung vergegenwärtigen, das ich am 12. Februar 1958, noch nicht zehnjährig, in der Dortmunder »Kampfbahn Rote Erde« gesehen habe. Es war das Viertelfinal-Hinspiel bei der dritten Austragung des damaligen »Europapokals der Landesmeister« (heute »Champions League«) zwischen Borussia Dortmund (deutscher Meister von 1956 und 1957) und dem AC Milan (italienischer Meister von 1957). Selbstverständlich hatte ich das Datum nicht mehr parat – und kann auch nicht erklären, wie es mir denn als Schüler der vierten Klasse Grundschule (damals »Volksschule«) in Würzburg vergönnt war, an einem Mittwoch (das war der 12. Februar 1958) in Dortmund zu sein. Ob ich das Spiel mit meinem damals sechzigjährigen und schon an einer tödlichen Krankheit leidenden Großvater (er starb im Herbst desselben Jahrs) oder meinem fünfundzwanzigjährigen Onkel sah, weiß ich nicht mehr, aber jedenfalls musste mein wohlhabender Großvater für die ausgezeichneten Eintrittskarten bezahlt haben. Nie ist in Vergessenheit geraten, dass es um den »Europapokal« ging, aber über viele Jahre dachte ich, dass Borussia gegen Inter Mailand (in blau-schwarz gestreiften Trikots) gespielt habe, meine Lieblingsmannschaft in der italienischen Serie A seit dem halben Jahr, das ich 1972 in Pavia verbrachte (zur Zeit des großen Mittelfeldspielers Sandro Mazzola) – und nicht gegen AC Milan im rot-schwarzen Dress.

Über dem Halo einer solchen Mischung aus eher vagen Erinnerungen und präzisen Informationen, wie man sie sich heute mühelos elektronisch verschaffen kann, liegt eine Schicht unmittelbarer Bilder, die mir mit der Kraft unverrückbarer Gewissheit jedes Mal – im wörtlichen Sinn – gegenwärtig werden, wenn ich mich dem Stadion »Rote Erde« nähere, das auf mich wie ein sozialistisches Städtebauprojekt von 1926 wirkt, heute im Schatten des viel größeren Stadions, wo Borussia Dortmund seit 1974 spielt. Ich bin mir sicher, dass ich auf der – eher kleinen – überdachten Tribüne in der dritten Reihe von unten und in direkter Nähe zu dem Gang saß, über den die Spieler aufs Spielfeld und zurück in die Kabinen kamen. Das Stadion war, so habe ich es jetzt vor mir, »brechend voll« am 12. Februar 1958, obwohl die Website des Europäischen Fußballverbands die Zuschauerzahl mit 28.000 angibt, was nicht der Schätzung von »um die Vierzigtausend« entspricht, die ich damals von meinem Onkel als Antwort auf die für mich bis heute zwanghaft wichtige Frage nach der Zuschauerzahl bekam.

Für mehr als neunzig Minuten war ich sprach- und ausnahmslos auf das Spielfeld konzentriert, das von einer frühen Version des »Flutlichts« ausgeleuchtet wurde, derart schwach, dass die Spieler reflektierende Trikots aus Nylon trugen, die sie angeblich aus der Distanz etwas besser sichtbar machten. Vor allem kann ich das Ereignis der explodierenden und sich über uns alle verbreitenden Euphorie noch spüren, die ausbrach, als Borussia in der letzten Minute (durch ein Eigentor von Bergamaschi, wie man nachlesen kann) den 1:1-Ausgleich erreichte. Ich habe kein Bild eines Spielzugs, ohnehin keines von einem Torschützen vor mir, aber sehr deutlich das physische Gefühl einer Erleichterung und den Stolz eines Gelingens, so als hätte ich zu dem Tor beigetragen. Erlösung und Erfüllung tatsächlich – obwohl das Tor am Ende ja nicht mehr bringen sollte als eine kollektive Freude über sein folgenloses Selbst. Genau in jenem Moment wurde ich – lebenslang, wie längst klar geworden ist – zu einem Fan von Borussia.

Gleich nach Milans Selbsttor pfiff der prominente englische Schiedsrichter Arthur Edward Ellis (der bei der vorausgehenden Weltmeisterschaft den wegen einer Rekordzahl absichtlicher Fouls berühmt gewordenen 4:2-Sieg Ungarns über Brasilien geleitet hatte) das erste Viertelfinale ab – und die Dortmunder Spieler verließen als Helden und mit den Feier-Gesichtern haushoher Sieger das Feld durch den Gang neben meinem Sitz. Kapitän Adi Preißler mit dem spärlichen Haar, Adi Preißler, der in die Clubgeschichte eingegangen ist unter der für Dortmund-Fans berühmten Sentenz »Entscheidend is auf'm Platz«, Adi Preißler hob – ganz in meiner Nähe – immer wieder den rechten Arm und seine Hand halb hoch wie zum Hitler-Gruß, ohne dass ich die symbolische Bedeutung der Geste verstanden hätte (und möglicherweise ging es ihm ja auch so). Mit unumkehrbaren Folgen war ich – in der Stadion-Masse der Flutlichtnacht – Teil eines Ereignisses und seiner Euphorie-Welle geworden. Dass Borussia zwei Wochen später das Rückspiel in Mailand mit 1:4 verlor, habe ich wohl gar nicht wahrgenommen – und auch die spätere Klarheit über den historischen Stellenwert von Preißlers Geste hat der Intensität nichts genommen, die mich bis heute in der Erinnerung an den 12. Februar 1958 überkommt. Es war – und ist immer noch – ein tatsächlich atemberaubendes Glück, das mir im Inneren des vollen Stadions zustieß und das ohne die bewundernde Konzentration auf den einen Spieler vor allem, auf Adi Preißler eben, nie gezündet hätte.

Vielleicht sind es singuläre Bewegungen und Gesten einzelner Athleten, für die als Ereignisse wir vor allem offen sind in unserer Aufmerksamkeit als Teil einer Masse – und möglicherweise beinahe unabhängig von den Hoffnungen für ihre jeweiligen Mannschaften. Neben Adi Preißlers peinlich-charismatischem Gruß steht in meiner Erinnerungs-Galerie ein Uwe Seeler-Augenblick, für dessen Hamburger SV ich weder je große Hoffnungen noch eine spezielle Antipathie empfand. Während eines Endrundenspiels zur deutschen Fußballmeisterschaft im Frankfurter Waldstadion (es muss wohl ein Spiel im Sommer 1961 gewesen sein), das Eintracht Frankfurt 4:2 gewann, sah ich von hinter dem Tor, wie der energische Uwe Seeler hüfthoch-seitlich in der Luft liegend eine Flanke unhaltbar »verwandelte« – und mein Bild von der vollkommenen Bewegung im einzig richtigen Moment ist gebunden an einen dumpfen Knall, wie er entsteht, wenn der Korken endlich aus einem Flaschenhals fährt. »Achillessehnenriss«, konstatierte trocken neben mir mein Vater, ein Chirurg, und schwor, als er mein Erstaunen bemerkte, dass man das Reißen der Sehne auf zehn oder mehr Meter hören könne. Doch seine paar Worte, vielleicht von meinem Gedächtnis erfunden, gehören gar nicht zu dem Bild jenes Moments, das geblieben ist. Es besteht aus der ebenso wunderbar effizienten Bewegung von Uwe Seeler, aus den Farben seiner blau-weiß-schwarzen Stutzen – und dem Knall, ohne jede Erklärung.

So wie zu meinem ersten Spiel im Maracanã von Rio de Janeiro, dem Stadion, das zur Weltmeisterschaft 1950 für damals 200.000 Zuschauer gebaut worden war, die Flankenläufe von Osvaldo Pereira auf der rechten Seite gehören und der Klang der Stimme meines Freundes Luiz. Das war im August 1977, als noch über 150.000 Fans im baufälligen Maracanã Platz hatten, wo die Toiletten an jenem schwül-grauen Sonntagnachmittag unbegreiflicherweise verschlossen waren. Vasco da Gama mit dem schönen Diagonalstreifen auf dem Trikot spielte in einem der sechs klassischen Derbys von Rio gegen Flamengo (Botafogo und Fluminense sind die anderen großen Clubs der Stadt), und die damals berühmte Defensive von Vasco blieb ein weiteres Mal, wie die ganze regionale Saison über, ohne Gegentor – vor allem dank Orlando, dem ersten brasilianischen Abwehrspieler mit Offensivorientierung. Er war schnell wie ein Kurzstreckenläufer mit seinen enganliegenden schwarzen Haaren und hart im Tackling wie ein Mittelgewichtsboxer. »Orlando«, flüsterte Luiz fast betend bei jedem Angriff seines Stars, wobei das »r« so klang wie ein sanftes »ch« im Deutschen und das Flüstern zur Stimme anwuchs, als gegen Ende des Spiels ein Querpass von Orlando beinahe zum einzigen Tor des Tags führte. »O-chlan-do!«

Auch die Räume und die Namen gut gefüllter Stadien, wo ich als Volksschul-Junge Spiele der süddeutschen Oberliga sah (die Bundesliga existiert erst seit 1963), bleiben ausnahmslos und sehr genau verbunden mit solchen prägnanten Bildern von einzelnen Spielern: der Zabo (»Zerzabelshof«, suggeriert meine Erinnerung) des 1. FC Nürnberg mit dem flinken Max Morlock, einem der deutschen Weltmeister von 1954; der Ronhof der Spielvereinigung (kompliziert abgekürzt als SpVgg) im benachbarten Fürth mit Ertl Erhardt, der nach 1954 zum zähen Stopper der deutschen Nationalmannschaft aufstieg; oder das Stadion in Stuttgart mit Robert Schlienz, dem technisch gepflegten Aufbauspieler des VfB, der in einer Welt voll amputierter Kriegsveteranen seinen linken Unterarm bei einem Autounfall verloren hatte.

Markante Stadionerlebnisse konkretisieren sich anscheinend nur dann zu bleibenden Formen, wenn wir uns in der Konzentration während des Spiel von einer Masse begleitet fühlen, deren Teil wir sind. Überhaupt keine Bilder habe ich deshalb vom deutschen Endspiel am 24. Juni 1961 in Hannover, obwohl ich einer der 82.000 Zuschauer war. Und zwar nicht allein, weil die Borussia als Favorit das Spiel mit 0:3 gegen den 1. FC Nürnberg verlor, sondern weil mein Vater, der im Dortmunder Block neben mir saß, »seinen Nürnbergern« den Sieg wünschte (er behauptete, als Jugendlicher selbst gegen Max Morlock gespielt zu haben) und also auch kein Kleidungsstück oder Symbol in den schwarzgelben Dortmunder Farben trug. Ein heißer Nachmittag, der mit der fatalen Ahnung anfing, nicht Teil der Masse sein zu können, welche die Gegenwart meines Vaters unterbrach und aufhob. Am Ende ging selbst die Niedergeschlagenheit über eine vernichtende Niederlage an mir vorbei. Der Tag blieb banal und ist nie mehr in Bildern zusammengekommen.

Eine andere Bedingung, an die Stadionerlebnisse als Intensität gebunden sind, hat mit dem Innen und der Fülle zu tun. An jenen »normalen« Sonntagen, an denen ich nicht mit meinem Vater im Opel Rekord zu Stadien und Spielen nach Nürnberg, Fürth, Stuttgart oder auch ins benachbarte Schweinfurt fuhr, das eine heimstarke Oberligamannschaft mit grünen Trikots hatte, an den normalen Sonntagen also ging ich allein zu den Amateurligaspielen der

Würzburger Kickers – und vermisste so sehr das Erlebnis einer Stadion-Masse, dass ich die Woche über mit meinen Legosteinen enge Traumstadien für die Mannschaft meiner Heimatstadt baute, für deren »erste Mannschaft« mein Vater angeblich ein paar Mal gespielt hatte. Was genau fehlte dem Kickersplatz, um ein Stadion zu sein? Es waren nicht die Zuschauerzahlen, die in einer Zeit, als Fernsehgeräte noch Oberschichtenprivileg waren, immerhin zwischen 3.000 und 8.000 lagen. Eher war es die mir immer, als sei ich dafür verantwortlich, peinliche Tatsache, dass es sich um einen oft aufstaubenden »Rotgrand«-Platz handelte – und nicht den sprichwörtlich »grünen Rasen«. Außerdem ging es darum, dass ich für die eine Seite des Spielfelds, »Feldherrnhügel« genannt, wo fünfzehn oder mehr Reihen von Anhängern aufsteigend hintereinander standen (unter ihnen mein erster Englischlehrer Emil Reuter mit dem markig-fränkischen Akzent), dass ich einfach noch zu klein war, um von dort das Spiel zu sehen, während doch bloß ein paar schüttere Reihen von Zuschauern die drei anderen Seiten des Felds umgaben – zu wenig, um das Gefühl eines Innen heraufzubeschwören. Und dann kannte ich einen der Kickers-Spieler, den linken Verteidiger (damals Nummer drei) Schorsch Schülein, als Freund meines Vaters »persönlich«, was es unmöglich machte, jene nicht-individuelle Aufmerksamkeit zu spüren und durchzuhalten, die eine echte Stadion-Masse an das Spielfeld bindet. Beim Amateursport und bei Sportarten, die nie ein Stadion füllen, ist man anders gegenwärtig. So wie ein Verwandter oder ein ehemaliger Mitspieler, fachmännisch kommentierend, fast noch selbst Teil des Wettbewerbs, ohne die laterale Neutralität, das Innen der Masse und die paradoxal enge Distanz zu den Helden auf dem Feld.

Wollte jemand wissen, was denn wirklich das erhabenste Stadionerlebnis war in gut sechzig Jahren eines Lebens mit der flexiblen Regel, mindestens ein Sportereignis pro Woche in unmittelbarer Präsenz zu sehen (wenn möglich in einer Masse von Zuschauern), dann müsste ich kein Fußballspiel nennen, sondern das Rugby-Match zwischen Australien und Neuseeland, mit dem das Stadion der Olympischen Spiele 2000 in Sydney (»Stadium Australia«) am 18. Juli eröffnet wurde. Zusammen mit drei unserer vier Kinder waren wir wenige Tage vorher aus Japan in Sydney angekommen, und gleich nach dem Check-in stellte ich dem Concierge des Hotels meine übliche Frage nach einem Sportereignis während der Zeit unseres Aufenthalts. Wie in einer Wundergeschichte folgten wir seinem Tipp und bekamen von dem Alt-Internationalen und Besitzer einer Bar in der Hotel-Nachbarschaft fünf Eintrittskarten für das erste Rugbyspiel unseres Lebens geschenkt. Wieder einmal standen wir hinter den Torstangen, unter beinahe 110.000 Fans, von denen ein gutes Fünftel aus Neuseeland gekommen war, um ihre All Blacks (auch »Kiwis« genannt) anzufeuern. Amtierender Weltmeister jedoch und das deutlich dominierende Team in dieser intensivsten aller nationalen Rivalitäten auf der südlichen Halbkugel war damals Australien (»the Wallabies«).

Das Spiel setzte furios ein. Nach kaum fünf Minuten führte Neuseeland mit drei Versuchen und 24:0, bei einer einzigen Ballberührung Australiens. In die Augen sprang gleich der fünfundzwanzigjährige Jonah Lomu, damals auf dem Weg, der erste wirkliche Weltstar seines Sports zu werden. Fast zwei Meter groß, über 120 Kilo schwer und mit einem glattrasierten Schädel, auf dem vorne eine schmale Leiste aus schwarzem Haar stand, war er ein ganz unglaublicher Sprinter (hundert Meter in 10,8 Sekunden), der ein ums andere Mal auf der linken Seite den Widerstand der Abwehrspieler einfach gewaltsam brach – bis er ihn später immer mehr ignorieren konnte. Doch erst einmal schlugen die Wallabies zurück und führten zu Beginn der zweiten Halbzeit – als wir schon längst verstanden hatten, dass einem Sport auf diesem sublimen Niveau zu folgen, keine solide Kenntnis seiner Regeln voraussetzt. Die Führung wechselte dann noch einmal, bis Australien Minuten vor Schluss wieder mit drei Punkten vorne lag. Doch dann setzte ein unheimlich letzter Pass wieder Lomu in Bewegung, der über alle Abwehrspieler hinweg, Zentimeter von der Aus-Linie entfernt, auf uns zukam, um den Ball mit einer sanften, fast beiläufigen Bewegung auf der Try-Linie abzulegen.

Die Kiwis hatten gesiegt, und wir wurden Teil einer Hochstimmung, die alle Zuschauer im Stadion als eine einzige Masse durchdrang und erfasste. Kein Spieler wollte das Feld verlassen, niemand auf den Tribünen wusste, wohin mit soviel Glück über das erhabene Können der Athleten, über die gelingende Unwahrscheinlichkeit ihrer Spielzüge und über das oszillierende Drama im Kampf zwischen beiden Mannschaften. Auf der Fahrt zurück ins Zentrum stellten wir uns vor, es könnte der spezifische Geist, also eine besonders großzügige Fairness im Rugby gewesen sein, der den australischen Fans über die doch schmerzhafte Niederlage ihrer Wallabies hinweggeholfen hatte. Die Wahrheit kam mit einer riesigen Schlagzeile der Tageszeitung, die am nächsten Morgen unter den Türen in unsere Hotelzimmer geschoben wurde: »Greatest Rugby Test Ever Played!« Und so ist das Spiel vom 18. Juli 2000 in Sydney tatsächlich bis heute kanonisiert geblieben.

Jener Drang, jene Explosion der Euphorie hin zur Bewegung unserer Körper, deren Raum im Stadion begrenzt ist und noch ohne Richtung, sie stehen gewiss im Zusammenhang mit Gewalt als der Energie von Körpern, Räume gegen den Widerstand anderer Körper einzunehmen – sie stehen hinter der Gewalt, die man mit Massen, vor allem mit Massen im Stadion assoziiert. Nur selten allerdings lässt sich solche Gewalt als Ausdruck von Protest oder gar Enttäuschung auffassen. Im Gegenteil, wahrscheinlich verhalten sich Massen in Euphorie noch »gefährlicher«

als Massen in niedergeschlagener Stimmung. Auf der anderen Seite ist solche Gewalt vielleicht kaum abzulösen von jenem expansiven Gefühl des Glücks, das eine schweigend-laterale Begleitung durch andere Körper voraussetzt und zugleich auf die Auslöser-Funktion des Erlebens durch emblematische Körper-Gesten oder Körper-Bewegungen angewiesen scheint. Denkbar nahe wollen wir bei solchen Gesten und Bewegungen sein, sie sollen uns bis auf Hautnähe entgegenkommen. Doch zugleich bleiben sie abgesetzt und gehören nie zu unserem Raum als Masse, so wie der dumpfe Knall und der elegante Schuss von Uwe Seeler, die bei aller Unmittelbarkeit immer entfernt wie auf einer Bühne blieben.

Die außergewöhnlichen Formen von Performanz, wie sie Athleten vollbringen, haben Pindars Hymnen am Beginn der europäischen Lyrik-Tradition und über die Jahrhunderte auch andere Texte der Begeisterung inspiriert – aber insgesamt gibt es viel weniger Dokumente solcher Euphorie, als wir uns vorstellen möchten. Nie in Gang gekommen ist ein Diskurs über das Glück in der Masse und über ihre ungewöhnlichen Möglichkeiten, und seit nun schon mehr als hundert Jahren unterliegen solche Momente einem expliziten intellektuellen Tabu. Allein die christlich-theologische Tradition hat für sie und für die durch Körper vermittelte Sozialität den heute beinahe vergessenen Begriff vom »mystischen Körper« geprägt. Daran dachte ich bei einem anderen »Eröffnungsspiel« (kann es ein Zufall sein, dass ich mich an so viele von ihnen erinnere?), und zwar im Maracanã nach seiner Renovierung und dem Umbau auf etwas weniger als achtzigtausend Plätze vor der Fußballweltmeisterschaft 2014 in Brasilien. Akt der Einweihung war ein eher nebensächliches Match, Flamengo, die unwiderstehlich beliebte Mannschaft aus Rio, gegen Cruzeiro, gleichsam die Ehre von Minas Gerais, dem historisch wesentlichen Bundesstaat mit seiner Hauptstadt Belo Horizonte und ohne Zugang zur Küste (Flamengo gewann 2:0).

Weil meine Frau und unsere Tochter Laura Teresa mitkommen wollten, hatte ich für drei VIP-Plätze bezahlt – doch die Zeichen und Ordner im Stadion wiesen uns zur »Falange do Flamengo« ein, jener durchaus und zurecht berüchtigten Ultra-Gruppe von Fans mit einer (vielleicht nur für mich) unübersehbar faschistischen Konnotation in ihrem Namen (»Falange«). Kein Platz und sicher keine Bewegungsfreiheit gab es zwischen den dort konzentrierten Körpern, den Raketen und dem Rauch, den Gesängen mit ihrer elementarsten Obszönität aus Variationen des einen portugiesischen Verbs, das wie auch in allen anderen Sprachen unaussprechbar ist. »Ich tausche die Karten gleich«, sagte ich entschuldigend und rechnete mit Kosten von weiteren hundert Reals. Doch Ricky und Laura reagierten erst einmal gar nicht. Sie hüpften im Rhythmus der Flamengo-Ultras und sangen, mit dem berühmt weichen Akzent von Rio, immer wieder Wörter, deren Inhalt ihnen glücklicherweise verschlossen blieb, weil sie noch nie zuvor Portugiesisch gesprochen hatten. »Sie sprachen in Zungen«, wie es in jener christlichen Tradition heißt, die auch vom »mystischen Körper« zu reden vermag.

»Verachtung der Massen«

Massen wollen sich kaum ausdrücken; in der Masse bleibt man ohne Worte, und wir haben auch keine einfach passenden Begriffe für das, was sie oft anziehend macht. Dies ist die eine Seite des Problems, mit dem uns das Thema konfrontiert. Die andere hat zu tun mit einem unter Intellektuellen etablierten Diskurs der Verachtung gegenüber den Massen, der bis heute immer wieder einschnappt, wenn man sie eigentlich »neutral« oder sogar mit einem Gefühl von Sympathie beschreiben will. Die Vorgeschichte dieses Diskurses der Verachtung vollzieht sich entlang des neunzehnten Jahrhunderts in den europäischen Mittelschichten mit der Institutionalisierung und Inthronisierung eines obligatorischen Selbstbilds als Individuum, das heißt: als Person, die sich vor allem von anderen Personen unterscheiden will. Dass etwa Friedrich Nietzsche bis zum Ende seines Schreibens um 1888 regelmäßig den »Herdentrieb« der Zeitgenossen aufs Korn nahm, gehört zu der wenig prägnanten, weil fast allgegenwärtigen Inkubations-Spur der Massenverachtung. Als ausformulierter Diskurs hingegen hatte sie einen datierbaren Beginn und eine erstaunlich beständige, ja fast störrisch-zwanghafte Struktur, der das Nachdenken über die Massen nie wirklich entkommen ist.

Diese Struktur setzte ein mit der massiven europäischen Resonanz des 1895 veröffentlichten Buchs »Psychologie des foules« von Gustave Le Bon, einem französischen Autor, der sich – eher auf Distanz zur akademischen Welt – einen Namen vor allem mit Spekulationen über populäre naturwissenschaftliche Fragen machte (1903 war er für den eben eingerichteten Nobelpreis in Physik nominiert). Über die Massen schrieb Le Bon mit durchaus polemischer – und auch warnender – Absicht, wenn er einleitend konstatierte, dass sie als »der letzte verbleibende Souverän« in der politischen Welt gelten müssten – weshalb man »am Beginn einer Ära der Masse« stehe. Alle »Zivilisationen« seien von kompakten »intellektuellen Aristokratien geschaffen« worden, während die Funktion und Berufung von Massen generell in der »Zerstörung« liege, spezifisch am Ende des neunzehnten Jahrhunderts in der »barbarischen« Zerstörung aller überkommenen Kultur, deren »moralische Kraft ihre Stärke« verloren habe. Denn »wie Mikroben« vollzögen Massen die »Auflösung geschwächter oder schon gestorbener Körper«.

Nach diesem heftigen Auftakt mit seinen ebenso drastischen wie zentrifugalen Metaphern mündet Le Bons Text dann auf eine Grundthese ein, an der er –

und nicht nur er – entschlossen festhalten sollte. Jede Versammlung in einer Masse, behauptet er, löse bei Individuen bestimmte, stets auftretende »Transformationen« aus, was für den Fortgang der Reflexion zur Folge hat, dass nicht eine eigene Phänomenologie des Verhaltens von Massen in den Blick kommt, sondern eine herabgestufte Version von Individualität, der berüchtigte Typ des »Massenmenschen« also, wie man bald zu sagen begann. In der Masse, so Le Bon, trete das Unbewusste der Individuen in den Vordergrund, das heißt jene Dimension, auf deren Ebene sie sich angeblich kaum unterscheiden. Dies habe erstens eine Ausblendung und Reduktion der sonst gerade die Unterschiede zwischen Individuen hervortreibenden Intelligenz zur Folge. Zweitens fühle man sich in der Masse stark und also ermutigt, »unverantwortlichen Impulsen« zu folgen. Dazu gehöre drittens die Offenheit, Verhaltensweisen anderer Mitglieder einer Masse wie »durch Ansteckung« zu übernehmen (sie also zu kopieren), und viertens eine »Bereitschaft zur Hypnose«, anders gesagt: die Sehnsucht, sich von außen bestimmen zu lassen (»Massen wollen einen Gott«).

Diese Beschreibung Le Bons wirkt immer noch plausibel, nicht zuletzt wohl, weil die meisten von uns ihr bis heute beim Durchlauf einer Normal-Sozialisierung in der einen oder anderen Version begegnen – und sie deshalb in ihr Alltagswissen übernommen haben, einschließlich der gelegentlich freundlich relativierenden Bemerkung, dass Massen nicht allein durch ihre »Tendenz zum Verbrechen«, sondern auch durch ein »Potential von Heldentum« gekennzeichnet seien. Sowohl biographisch als auch mentalitätsgeschichtlich liegen die Motivationen für Le Bons entschiedene Position auf der Hand. Als Dreißigjähriger hatte er 1871 die Ereignisse um die Pariser Kommune als Reaktion auf die Niederlage im französisch-preußischen Krieg erlebt, also den nach 1848 zweiten Revolutionsmoment, der nicht ausschließlich auf bürgerliche Energien zurückging – und blieb seither traumatisiert von der Furcht eines Aufstiegs der »Masse« zum politischen Agenten und absoluten Legitimationstitel, auch zum Legitimationstitel für Gewalt. Der chronologisch nähere Anlass für Le Bons Buch lag dann 1889 in dem von immenser Popularität »bei den Massen« getragenen Aufstieg des Generals Georges Boulanger, der den späten Traum eines Rachekriegs gegen Preußen-Deutschland inkarnierte. Boulanger verspielte zwar den Moment eines möglichen Schritts zu diktatorischer Macht, hinterließ aber bei den gebildet-republikanischen Schichten in ganz Europa (der Begriff des »Intellektuellen« existierte noch nicht) eine bleibende Angst vor Massen-Bewegungen und ihren Ansprüchen, wie sie in Frankreich speziell offenbar zur historischen Nachhaltigkeit der Dritten Republik als einer institutionellen Struktur staatlicher Normalität beigetragen hat.

Wie lange und den Horizont des Denkens über die Massen begrenzend die Wirkung von Le Bons

»Psychologie des foules« anhielt, wird exemplarisch deutlich an dem bis heute hoch geschätzten Traktat »Massenpsychologie und Ich-Analyse« des großen Sigmund Freud aus dem Jahr 1921. Nicht allein widmete Freud der Zusammenfassung von Le Bons Thesen ein ganzes Kapitel, er übernahm auch deren argumentative Architektur ohne größere Veränderungen und variierte sie lediglich mit den eigenen Versionen der von seinem Vorgänger gebrauchten Grundbegriffe (was ihm dann allerdings Perspektiven zur Weiterentwicklung vorher entstandener Theorie-Motive erschloss). Wie Le Bon jedenfalls geht Freud von der Prämisse aus, dass sich »der Einzelne in der Masse« grundlegend verändere, weil sie ihm Gefühle der »Macht und Sicherheit« ermögliche. An die Stelle des bei Le Bon in den Vordergrund rückenden »Unbewussten« traten dann bei Freud – spezifischer – »die Triebe«, aus »Ansteckung« wurde »gegenseitige Induktion«, und selbstredend kam im Zusammenhang der Massen-Sehnsucht nach einem »hypnotisierenden Führer« oder »Gott« die »narzisstische Libido« ins Spiel. »Impulsiv, wandelbar, reizbar« sei die Masse, schrieb Freud, sie werde »fast ausschließlich vom Unbewussten geleitet«. So weit war auch schon Le Bon gekommen – und zu bedauern bleibt deshalb vor allem, dass sein Buch Freuds singulär kraftvolle Theorie-Imagination möglicherweise davon abgehalten hat, über ein hypothetisch »genuines« Verhalten der Massen zu spekulieren, statt eben über »den Einzelnen« in der Masse.

Zum international berühmtesten Buch in der von Le Bon begründeten Tradition aber stieg José Ortega y Gassets »La rebelión de las masas« auf, das als Kondensation einer in der Tageszeitung »El Sol« veröffentlichten Reihe von Aufsätzen noch die eher zuversichtliche Stimmung des westlichen Bürgertums in der Mitte der zwanziger Jahre ausstrahlt – und als Buchpublikation dann 1929 mit dem Kollaps der Weltwirtschaft zusammenfiel. Wie vor ihm Le Bon und Freud ging auch Ortega davon aus, dass sich der Einzelne (und zwar »der Einzelne aus jeder sozialen Klasse«) unter dem Einfluss und als Teil einer Masse verändere, weil die Masse ihm ein Gefühl des »Wohlbefindens und der Selbstzufriedenheit« gebe, das zu »Forderungen« ermutige. Mit bemerkenswertem Talent für ebenso prägnante wie innovative Formeln entwickelte Ortega vor allem ein – weit über Le Bon und Freud hinaus – über lange Zeit gültiges typologisches Repertoire zur Beschreibung des »Massenmenschen«. Der Massenmensch verhalte sich wie »ein verwöhntes Kind« (»niño mimado«), aber auch wie ein »selbstzufriedener Schnösel« (»señorito satisfecho«), der einerseits die Existenz bestimmter Institutionen und Werte leugne, sich aber andererseits – heimlich – auf sie verlasse. In dieser Einstellung des »señorito satisfecho« wollte Ortega die soziale Substanz des damals in allen europäischen Gesellschaften aufsteigenden Faschismus sehen. Übergreifender noch kennzeichne den Massenmenschen aber eine Asymmetrie zwischen dem

»Bestehen auf seinen Rechten« und dem »Vergessen seiner Pflichten« – was ihn zu einem Gegenbild der selbstmotivierten bürgerlichen Eliten machte. Gerade der historische Rückbezug auf den internationalen Faschismus und den deutschen Nationalsozialismus als seine ekstatische Steigerung hat nach 1945 die schon um 1930 unter Intellektuellen selbstverständliche Massen-Verachtung zu einer definitiven Verhärtung gebracht. Dies nicht allein, weil ihre begriffliche Grundlage weiterhin starke Resonanz fand, sondern weil sich Faschismus und Nationalsozialismus ja tatsächlich auf die »Inszenierung nationaler Massen« als ihr zentrales Ritual verlassen hatten. Am Anfang jener Bewegung hatte Mussolinis Übernahme der italienischen Regierung durch den »Marsch der Schwarzhemden auf Rom« im Jahr 1922 gestanden; sie fand eine zitatenhafte Wiederholung in der »Machtergreifung« von Hitlers Partei mit einer SA-Parade durch Berlin am 30. Januar 1933; erreichte ihren monumentalen Höhepunkt in den Nürnberger Reichsparteitagen während der dreißiger Jahre, deren Ästhetik damals nicht nur Hitlers Anhänger erlagen; und gelangte im Februar 1943 zu einem potentiell selbstmörderischen Abschluss mit dem frenetischen »Ja« einer versammelten Masse auf die Frage von Joseph Goebbels in seiner Sportpalast-Rede: »Wollt ihr den totalen Krieg?« Seither ist es (bis 1989 außerhalb des Staats-Sozialismus, wie man präzisierend hinzufügen muss) mit einem Selbstanspruch auf Bildung unvereinbar geworden,

den Begriff der »Masse« im Bezug auf soziale Strukturen und Bewegungen mit positiv wertenden Implikationen zu gebrauchen. Zugleich scheint weiter ein Bedürfnis nach der Wiederholung und Illustration von Le Bons Thesen zu bestehen, wie es vor allem die Rezeptionsgeschichte des 1960 erschienenen Buchs »Masse und Macht« von Elias Canetti, dem Literaturnobelpreisträger des Jahres 1981, belegt. Ein prominenter öffentlicher Intellektueller hat jüngst in der Tat gefordert, diesen Text »alle zehn Jahre von neuem zu lesen« – und bis heute findet man ihn häufig als ein »Meisterwerk« erwähnt oder zitiert. Dabei geht das Buch philosophisch – trotz Canettis eleganter Prosa und vor dem Hintergrund seines eindrucksvollen historischen Wissens – eigentlich kaum über Le Bon, Freud oder Ortega y Gasset hinaus (wenn man einmal von einigen positiven Bemerkungen über die Massen absieht, wie sie in einem Buch großen Umfangs nicht ausbleiben konnten).

Canetti setzt ein mit der These, dass der individuelle Mensch in einer Masse seine »Berührungsfurcht« verliere und jenseits dieser Schwelle zur »Entladung« in »Zerstörungssucht« neige. Danach ergeht sich sein Buch in einem wahren Furor an Typologien (zum Beispiel: »Herzmassen«, »Fluchtmassen«, »Verbotsmassen«, »Umkehrungsmassen«, »Festmassen«), auf die man in bescheideneren Ansätzen auch bei Le Bon und Freud stößt, und in opulenten kulturanthropologischen Illustrationen der immer selben, zu einer Analyse des »Befehls« führenden Warnung vor den Massen (sie ging in Canettis Fall wohl auf ein Erschrecken aus den 1920er-Jahren über die eigene Verführbarkeit im Kontext einer Masse zurück). Dabei hätten es ihm manche der diskutierten Materialien aus nicht-westlichen Kulturen und vor allem die in ihren Beobachtungen besonders produktive Passage über den »Rhythmus« der Massen durchaus nahelegen können, über den Status quo der Massen-Verachtung hinauszukommen. Doch diesem möglichen Schritt stellt sich Canettis Seite für Seite deutlicher werdende Begeisterung für ein Selbstbild als kultiviertes Individuum entgegen, die sein Buch bis heute zu einer Lieblingslektüren von uns Intellektuellen gemacht hat.

Einer Ausnahme zu dem von Le Bon eröffneten Diskurs scheint sich in unserer rückblickenden Lektüre am ehesten ein Essay von Siegfried Kracauer aus dem Jahr 1927 zu nähern. Unter dem Titel »Das Ornament der Masse« bringt er zunächst die Tiller Girls, eine auf perfekte choreographische Koordination mehrerer Körper ausgerichtete britische Tanzgruppe in den Blick, doch an der Peripherie seiner Beobachtungen tauchen auch immer wieder »volle Stadien« auf. Nur in der Einstellung »der Masse«, heißt es dann, nicht als Individuum (und auch Kracauer übernimmt offenbar, ohne sie zu zitieren, Le Bons Prämisse vom Hervortreten des Unterbewusstseins), nur als Masse sei es möglich, ein abstraktes Ornament zu verkörpern. Über einige

Seiten bleibt dann die Bewertung der einschlägigen Phänomene ambivalent, der »Realitätsgrad« eines Massenornaments sei höher, lesen wir, als bei jenen »künstlerischen Produktionen, die überkommene edle Gefühle in obsoleten Formen pflegen«. Doch am Ende entschließt sich auch Kracauer, in der Abstraktheit des Ornaments einen »mythologischen Kult« von Rationalität, »eine Maskerade« der Vernunft zu sehen. Und damit nahm er strukturell jene Argumentation vorweg, mit der Max Horkheimer und Theodor W. Adorno während des kalifornischen Exils im Zweiten Weltkrieg ein zentrales Kapitel ihrer »Dialektik der Aufklärung« zur Theorie der »Kulturindustrie« entwickelten.

Offenbar mit der Absicht, keine Ausnahme von der marxistischen Tradition einer positiven Verwendung des Massen-Begriffs zu machen, konzentrierte sich Horkheimers und Adornos Kritik auf eine angeblich amerikanisch-kapitalistische Form der an »Verbrauch« angepassten Produktion von Kultur, welche die Massen anvisiert – nicht auf das Verhalten der Massen selbst. Im Verbrauch kulturindustrieller Produkte vollziehe sich eine Entfremdung der Massen von ihren legitimen Eigen-Interessen und Bedürfnissen – was die Massen zu Opfern der »Kulturindustrie« macht. Zu der Frage allerdings, wie dann eine nicht-bildungsbürgerliche Form und Rezeption von Kultur, etwa eine politisch legitime »Kultur der Massen« aussehen könnte, sind Adorno und Horkheimer nie gelangt. Wer sich mit ihren Schriften befasst hat, der weiß, dass ihnen – bei allem Engagement für die Unterprivilegierten der Welt – der Gedanke an einen Beitrag atonaler Musik zum Klassenkampf des Proletariats weniger absurd erschienen wäre als eine philosophisch ernsthafte Reflexion über das Verhalten der Masse in einem Stadion.

Immerhin sind Horkheimer und Adorno mit der Form ihrer Kritik aus Le Bons Tradition der Rede über die Massen ausgeschert (und haben einen alternativen Diskurs mit ähnlichem Fokus auf ehrgeizigerer diskursiver Ebene erfunden). Hingegen kehrte Peter Sloterdijk 1999 in einem Münchner Akademie-Vortrag über »Die Verachtung der Massen« mit seiner Begeisterung für Canetti zur normativen Selbstreferenz des Intellektuellen als Individuum und zur Masse als einem Gegen-Prinzip zurück, wenn auch mit elegant-(selbst)ironischen Untertönen (von Sloterdijk übernehme ich jedenfalls den Titel für dieses Kapitel meiner Reflexion). Im Blick auf die Jahrtausendwende stellt er dann die (natürlich bis heute) entscheidende Frage, was sich denn im Übergang von einer Masse der in Realpräsenz versammelten Individuen hin zur medial konstituierten Masse (etwa) der Fernsehzuschauer verändert habe: »die Masse selbst erlebt sich heute nur noch in ihren Partikeln, den Individuen, die sich als Elementarteilchen einer unsichtbaren Gemeinheit genau den Programmen hingeben, in denen ihre Massenhaftigkeit und Gemeinheit vorausgesetzt wird«.

Sloterdijks vor allem für die Wohlfahrtsgesellschaften in der Europäischen Union plausible (und in gewisser Weise von René Girards Mimetik-Theorie vorweggenommene) Antwort auf die eigene Frage heißt, dass es angesichts eines allgegenwärtigen Gleichheitspostulats in der medial konstituierten Masse keine gesellschaftlich akzeptablen Unterschiede und schon gar keine vertikalen Hierarchien mehr geben könne: »alle dürfen zu allen aufschauen« und: »wo Identität war, soll Indifferenz werden«.
Darauf reagiert Sloterdijk nicht etwa mit dem wohlfeil-großherzigen Entwurf einer ganz neuen Gesellschaft, sondern mit dem sympathischen Titel eines Buch von Emile Cioran: »Exercices d'admiration«. Ob solche »Bewunderungs-Übungen« ein Lob der real versammelten Massen einschließen könnten? Ich bin eher pessimistisch. Aber immerhin gibt Peter Sloterdijk der zentralen Implikation und Konsequenz in der Philosophie seines Kollegen Richard Rorty gehörige Aufmerksamkeit, den Impuls der Absetzung des – angeblich überlegenen – Intellektuellen-Individuums von der Masse endlich auszusetzen, worin unvermeidlich und endlich ein entschiedener Bruch mit der Le Bon-Tradition gelegen war. Sloterdijk spricht – nicht ohne die Bewunderung, wie er betont – von einem »aufrechten Gang in die Banalität« und gesteht Rorty zu, dass er diesen Gang in der Haltung von Nietzsche, also mit Illusions-zerstörender Gelassenheit vollziehe. Doch auf den Bruch mit der Massenverachtung im

begrifflichen wie politischen Sinn des Wortes folgte bei Rorty nicht der Blick auf eine über die Körper vermittelte Soziabilität. Keine Aufgabe, stelle ich mir als Richard Rortys ehemaliger Kollege vor, hätte ihm ferner liegen können als eine so perspektivierte Analyse des Massen-Verhaltens.

Einen anderen Ausweg aus dem Le Bon-Schema einer Theorie der Massen haben – im Blick auf Sport und Stadien – Gunter Gebauer und Sven Rücker vorgeschlagen. Ihre intellektuell produktive Pointe liegt in einer Beibehaltung der klassischen Frage nach dem Einfluss der Masse auf das Verhalten von Individuen unter Umkehrung der Akzente in ihrer Beantwortung. »Anstatt das Ich zu schwächen oder gar aufzulösen, vergrößern die kollektiven Emotionen im Erleben der Arena den Glauben des Subjekts an sein Ich und an das Wir der ganzen Gemeinschaft«. Wie immer, wenn es um sportphilosophische Fragen geht, reagiere ich mit Sympathie auf Gebauers Position (einschließlich ihrer Verweise auf gewisse Ambivalenzen jenes »Glaubens des Subjekts an sein Ich«) – und bleibe skeptisch (oder hartnäckig). Denn was auch die Umkehrung von Le Bons Ansatz nicht in den Blick bringt, sind die körperlichen Energien, welche durch Massen fließen, und das heißt auch: ihre Affinität zur Gewalt.

Immerhin sollte man erwarten, dass sich in der soziologischen Literatur solche Auseinandersetzungen mit der Frage nach Massen-Verhalten als Körper-vermitteltem und Gewalt-nahem Verhalten ausmachen lassen. Doch wer großzügig (oder tolerant) genug ist, sich einschlägige Beiträge überhaupt zu Gemüte zu führen, der wird über die Qualität des Geleisteten eine Decke der Anonymität legen wollen. Einige Ansätze zur empirischen Beobachtung von »Massenverhalten« als Verhalten »in einer Ansammlung« (»assembly«) »von Körpern« kommen nie über das Verzeichnen des Banalen (»Massen tendieren entlang der Zeitachse zur Selbstauflösung«) oder über die Auflistung subjektiver Eindrücke ohne begriffliche Kohärenz hinaus (»zentrifugal«, »zur Ausdehnung tendierend«, »dezentral«). Schlechthin absurd in seinem guten Willen, die Massen politisch ernst zu nehmen, wirkt der Vorschlag, ihre Gewalt-Tendenz als »rationalen Gebrauch« einer körperlichen Möglichkeit zur »Durchsetzung von Interessen« zu beschreiben.

Auf einem ganz anderen Niveau philosophisch-begrifflicher Arbeit bewegen sich Judith Butlers »Notes Toward a Performative Theory of Assembly« von 2015. Deutlicher als Gebauer und Rücker besteht sie auf der Frage, welche spezifischen Möglichkeiten sich für das Verhalten einer Gruppe aus der realen Ko-Präsenz der sie konstituierenden Körper erschließen. Doch bei ihr bleibt diese Frage – in Konvergenz mit Hannah Arendt, an deren Position sich Butler auch hier orientiert – allein auf politische Potentiale und Funktionen ausgerichtet. Hier gesteht Butler dann ein, dass die Performanz einer Gruppe von Körpern in ihrer Artikulation nicht immer als politisch »links« identifiziert werden kann. Vor allem aber unterstreicht sie die – für mich überzeugende – These, dass die physische Präsenz von Körpern im Raum politisch auf das nicht anders, nicht abstrakt begründbare Recht als seinen Fluchtpunkt hinauslaufe, überhaupt Rechte zu haben.

Eine solche Forderung, aufgrund physischer Präsenz überhaupt ein »Recht auf Rechte« zu haben, könnte im Kontext der Spannung zwischen dem Deutschen Fußball-Bund und den Ultras relevant werden – und zwar zugunsten der Ultras, sobald man den Raum eines Stadions als öffentlichen Raum und nicht als Besitz eines Clubs und Unternehmens ansieht. Doch letztlich geht es weder den Ultras, noch den Besuchern eines Rockkonzerts oder einer Papstmesse um primär politische Ziele, so sehr auch politische Kriterien bei der Beurteilung oder der Durchsetzung ihres Verhaltens eine Rolle spielen mögen. Wahrscheinlich geht es überhaupt nicht um Ziele irgendwelcher Art – und selbst die Formulierung, dass »es um etwas gehe«, mag unangemessen sein.

Hier liegt nun auch, meine ich, eine Affinität zum Begriff des Dionysischen, den Friedrich Nietzsche, der Kritiker des menschlichen »Herdentriebs«, in seinem Buch über »Die Geburt der Tragödie« entfaltet hat, wo – überraschend vielleicht – auch das Wort »Masse« unter durchaus positiven Vorzeichen auftaucht. Allerdings geht es mir bei dem Verweis auf Nietzsche gar nicht um eine intellektuelle Nobilitierung des Massenverhaltens, sondern um die Distanz dieses Verhaltens zu jeglicher Art von Absichten oder Funktions-Strategien, mithin auch und vor allem um eine Distanz vom ererbten intellektuellen Zwang zur Verachtung der Massen (wie sie aus der Perspektive einer sich stets aus Absichten konstituierenden Individualität geboren war).

Dionysische Momente hingegen bringen nicht heruntergestufte Individuen ins Spiel, sondern brechen in Nietzsches Sicht mit Individualität: »Wenn wir die wonnevolle Verzückung« ernst nehmen, die beim »Zerbrechen des principii individuationis aus dem innersten Grund des Menschen, ja der Natur emporsteigt, so thun wir einen Blick in das Wesen des Dionysischen, das uns am nächsten noch durch die Analogie des Rausches gebracht wird. Entweder durch den Einfluss des narkotischen Getränkes, von dem alle ursprünglichen Menschen und Völker in Hymnen sprechen, oder bei dem gewaltigen, die ganze Natur lustvoll durchdringenden Nahen des Frühlings erwachen jene dionysischen Regungen, in deren Steigerung das Subjective zu völliger Selbstvergessenheit hinschwindet.« Historisch sieht Nietzsche den Ursprung der dionysischen Stimmung und ihr Potential zur Brechung von Individualität in der Struktur und Wirkung des Tragödien-Chors angelegt: »Die dionysische Erregung ist im Stande, einer ganzen Masse diese künstlerische Begabung mitzuteilen, sich von einer (solchen) Geisterschar umringt zu sehen, mit der sie sich innerlich eins weiss. Dieser Prozess des Tragödienchors ist das dramatische Urphänomen: sich selbst vor sich verwandelt zu sehen und jetzt zu handeln, als ob man wirklich in einen andern Leib, in einen andern Charakter eingegangen wäre.«

Die Zitate sollen nicht etwa einen Ansatz vorbereiten, Nietzsches Begriff des Dionysischen auf die Energie eines vollen Stadions im einundzwanzigsten Jahrhundert »anzuwenden«. Nietzsche hat seine Ansichten und Begriffe aus dem philologisch kompetenten Blick auf Tragödien im antiken Athen des fünften Jahrhunderts entwickelt und so dem historischen Verstehen einen neuen Zugang erschlossen. Statt etwa die peinlich geistreiche Frage zu stellen, was denn wohl das Äquivalent des Tragödienchors bei einem American Football-Spiel sein könnte, soll es nun darum gehen, eigene Begriffe für die Präsenz-Rituale unserer Zeit zu entwickeln. Dabei wirken Nietzsches Gedanken als Inspiration, so wie auch die theologische Begriffstradition von der christlichen Kirche als »mystischem Körper« das Nachdenken über Massen im Stadion von heute ermutigen kann, ohne sie zu ersetzen. Sicher, die vollen Stadien von heute (aus der Perspektive des Frühjahrs 2020: von gestern und hoffentlich wieder von morgen) haben ihre sporthistorischen Vorgänger gehabt. Was sie aber besonders macht, ist ihr intensivierter Status als Präsenzritual in einer Umwelt, die Präsenzeffekte schon seit der frühen Neuzeit geradezu systematisch ausgedünnt, diesen Prozess dann mit der elektronischen Technologie enorm beschleunigt hat – und nun 2020 vom universalen Gebot des »social distancing« getroffen wurde.

Massen der Vergangenheit

Jenes leidige Syndrom von Begriffen und Vorurteilen, das nun schon ein gutes Jahrhundert lang allen intellektuell produktiven Auseinandersetzungen mit der Masse und ihren Phänomenen im Weg gestanden ist, hatte sich ursprünglich gegen Bilder aus den bürgerlichen Revolutionen und gegen ihr Potential gestemmt, als Bedrohung einer beschaulich vorgestellten Zukunft zu wirken. Doch mit solchen seit dem frühen neunzehnten Jahrhundert emblematisch gewordenen Massen-Ereignissen kamen und kommen auch Szenen aus der jüdisch-christlichen Tradition wie aus der klassischen Antike in Erinnerung, deren Vielfalt unsere theoretische und analytische Imagination fernab aller vergilbten Polemik herausfordern kann. Auf einige von ihnen will ich mich in diesem Kapitel konzentrieren, vor allem mit der Hoffnung, einen weiter konturierten Fokus von Beobachtungen und Fragen zur Phänomenologie der Masse herauszuarbeiten.

In mehreren prominenten Passagen der Torah und der Evangelien stoßen wir auf »das Volk Israel« als

Agent und als Masse – unter überraschend ähnlichen Vorzeichen. Nachdem die Israeliten bemerken (Exodus 32), dass Moses, der sie aus dem ägyptischen Exil geführt hat, allzu lange im Gespräch mit ihrem Gott am Berg Sinai verweilt, fordern sie seinen Bruder Aaron auf, »Götter für sie zu machen, die ihnen vorausgehen können«. Aus »dem Gold ihrer Frauen, Söhne und Töchter« gießt Aaron das berühmte »Goldene Kalb«, das die Israeliten am nächsten Tag in einer Orgie auf einem eigenen Altar anbeten. Da befiehlt der eine Gott Moses, »sofort vom Berg« herabzusteigen. »Dein Volk, das du aus Ägypten herausbrachtest, hat falsch gehandelt; sie haben sich schnell von dem Weg abgewandt, den ich ihnen befohlen habe – Ich habe dieses Volk gesehen, wie halsstarrig es ist.«

Sobald Moses selbst das Kalb und den »Tanz« der Israeliten sieht, »glühte er vor Wut, zerstörte das Kalb, schüttete seine Überreste ins Wasser, und ließ die Israeliten das Wasser trinken«. Aaron, dem er den Abfall des Volks von seinem Gott vorwirft, redet sich heraus: »Du weißt, dass das Volk zum Übel neigt.« Da »das Volk« aber weiter »wie wild agierte«, befiehlt Moses nun, dass »ein jeder seinen Bruder, seinen Freund und seinen Nachbarn töten soll«, und »um die dreitausend Leute starben an jenem Tag«. Dann steigt er wieder auf den Berg, um von Gott Verzeihung für sein jetzt sühnendes Volk zu erflehen. Gott klagt noch einmal über die »halsstarrigen« Israeliten und kündigt an, dass er ihnen vorerst fernbleiben wird, weil er »sie alle umbringen« müsse, wenn er ihnen nahekäme.

Das Motiv ist uns inzwischen aus Diskursen seit dem späten neunzehnten Jahrhundert vertraut: es geht um das Begehren der Masse nach einem nahen (und möglichst »hypnotisierenden«) Führer und um die Abhängigkeit ihres Verhaltens von ihm. Allein in Gegenwart von Moses hält das Volk als Masse seinem – fernen – Gott die Treue, der es auserwählt und gerettet hat. Unter einem Führer jedoch, der sich dem Willen der Masse anpasst, kommt es zu Ereignissen, mit denen anscheinend selbst Gott nicht rechnen kann: die Masse wird »wild«, »tanzt« und betet ein »goldenes Kalb« an. Und sie tut dies im Einverständnis mit Aaron, an den als an einen schwachen Führer sie sich – fast wie in einer politischen Demonstration – gewandt hatte. »Halsstarrig« nennt Gott das Verhalten der Masse zweimal und scheint dabei zu unterstellen, dass in Abwesenheit eines starken Führers Ungehorsam normal für sie ist. Dagegen folgen die Israeliten ohne Zögern dem grausamen Gewalt-Befehl ihres starken Führers Moses, sich in wechselseitigem Morden als Akt der Sühne zu dezimieren.

Ähnlich »halsstarrig« zeigen sich die nun zu »den Juden« gewordenen Israeliten in einer der wenigen Episoden, die zu allen vier Evangelien gehört – und unter den gegenüber der Torah umgepolten diskursiven Voraussetzungen des Neuen Testaments wird diese Passage zum frühesten Dokument des christlichen Antisemitismus. Es geht um die dreimal wiederholte Frage des römischen Statthalters Pilatus an die versammelten »Juden« (bei Markus, 15, ist tatsächlich von einer durch die Hohen Priester manipulierten »Masse« die Rede), ob sie wirklich an der Kreuzigung von Jesus festhalten wollen, den Pilatus nach seinem Verhör für unschuldig hält. Um das Gewaltbedürfnis der Masse zu befriedigen, bietet ihr Pilatus als Alternative an, den Barrabas zu kreuzigen, einen anderen Häftling. Doch nach dem dreimal wiederholten Schrei: »Kreuzige ihn« gibt Pilatus der Masse nach – als ein angesichts der Pessach-Festtage eher auf Entspannung denn auf Recht gesinnter Statthalter.

Um den hier zur Kreuzigung verurteilten Jesus hatte sich vor einem früheren Pessach-Fest eine »große Volksmenge« von »etwa fünftausend« Menschen (Johannes, 6) nahe dem See Genezareth geschart und das Wunder der »Brotvermehrung« erlebt. Von fünf Brotlaibern und zwei Fischen waren sie alle satt geworden, und am Ende des Tages füllten die Jünger »zwölf Körbe mit den Überresten«. »Das ist in der Tat«, begann das Volk zu sagen, »der Prophet, der in die Welt kommen soll«. Ein letztes Mal löst dann in der Apostelgeschichte (2) eine Versammlung von Vielen – genau genommen: lösen zwei Versammlungen – ein Wunder aus. »Zum Pfingstfest waren fromme Juden aus allen Nationen unter dem Himmel nach Jerusalem gekommen«. Und als »diese Masse« den Wind hörte und die Feuerzungen sah, die über den – »in einem Raum versammelten« – Aposteln heraufzogen, liefen sie zu ihnen »und hörten sie alle in ihren Muttersprachen zu ihnen reden. Verwundert fragten sie: ›Sind nicht alle, die hier sprechen, Galiläer? Und wie kommt es, dass wir sie alle in unseren eigenen Sprachen hören?‹« Auf diese Stelle in der Apostelgeschichte geht die Redeweise »in Zungen sprechen« zurück, die wir benutzen, um uns auf die seltenen – aber sicher nicht in allen Fällen als Ergebnis von Mythenbildung oder Manipulation zurückzuweisenden – Ereignisse beziehen, wo Menschen (müssen sie als Gruppe versammelt sein?) vor einer Masse stehend ihre Fähigkeit entdecken, in Sprachen zu reden, die ihnen vorher fremd waren.

Einen ambivalenten Status hat die Masse also, wie wir sehen, schon in den Schriften der jüdischen und der christlichen Religion. Als Masse ohne starken Führer vergessen, ja verraten die Israeliten ihren Gott, aber als Masse werden sie auch für seinen neutestamentlichen Sohn zum Anlass, das theologisch wohl wichtigste Wunder, das Wunder der Brotvermehrung, zu wirken. Vor allem beschwören Massen aber eine Latenz von Ereignissen herauf: Ausbrüche von Gewalt, die Schaffung und Zerstörung von Götzen, aber auch die wunderbare Brotvermehrung und das Sprechen in Zungen – solche Ereignisse sind mit der Gegenwart von Massen verbunden. Und dieses Ereignis-Potential wird dann »die Masse« seit den bürgerlichen Revolutionen als einen neuen –

und bald als entscheidend angesehenen – Agenten der Geschichte ausmachen.

Für die Darstellung der ersten unter ihnen, der sogenannten »Glorious Revolution« In England, deren politische Ereignisse sich Ende 1688 konzentrierten, spielen Massen noch kaum eine aktive Rolle auf jener politischen Bühne hochadliger Protagonisten, die um die Ablösung eines katholischen durch protestantische Monarchen kämpften. Nach der Landung Wilhelms von Oranje und seiner Truppen in England zum Ende des Jahres erwähnen die Geschichtsbücher ab und an lokale »Volksaufstände« oder Aktionen des »Mobs« gegen katholische Amtsträger und zugunsten der zukünftigen Herrscher. Die Zugeständnisse des neuen Königspaars an die Parlamente jedoch, welche jene Revolution zu einer »bürgerlichen« machten, werden noch nicht in einen Zusammenhang mit solchen Interventionen der Massen gerückt.

Wie deutlich sich der Status sozialer »Massen«-Bewegungen während der folgenden achteinhalb Jahrzehnte verschoben hatte – auch und vor allem für die Beobachter der Politik – zeigt die »Boston Tea Party« als ein charismatisches Ereignis der amerikanischen Revolution. Die durch Steuern erhöhten Preise des von der East India Company eingeführten Tees waren zum zentralen Stein des Anstoßes für Protestversammlungen geworden, mit denen die Bewohner der Ostküsten-Städte ihre Vertretung im politischen System des Königreichs durchsetzen wollten. Zwischen fünf- und siebentausend der damals sechzehntausend Bewohner von Boston kamen am 29. November 1773 zu einer solchen, offenbar sorgfältig organisierten Demonstration in den Hafen, doch kaum mehr als hundert von ihnen waren dann an jener sicher ebenfalls geplanten Aktion beteiligt (der eigentlichen »Tea Party«), bei der die Ladung aller Teeballen von mehreren Schiffen ins Wasser geworfen wurde. Als unabhängiger Agent nahm die »Masse« an der gezielten Provokation also sicher nicht teil, doch die Inszenierung ihrer Verbindung zu der Aktion mittels einer vorausgehenden Protestversammlung muss die moralische Aura und politische Wirksamkeit der »Tea Party« gesteigert haben.

Unter genau dieser Perspektive von politischer Wirksamkeit und Legitimität verdichtete sich die Komplexität der von der »Masse« verkörperten Dynamik mit den Ereignissen des 14. Juli 1789 in Paris, deren singuläre Bedeutung für die westliche Geschichte eigentlich nicht überschätzt werden kann. Bei heißen Sommertemperaturen hatte die sich beständig verschärfende Auseinandersetzung zwischen den in Versailles tagenden »Generalständen« (mit ihren Forderungen nach stärkerer politischer Partizipation) und der (mehrfach besonders ungeschickt agierenden) Regierung der Monarchie auch in der Hauptstadt zu einer – von vielen Zeitgenossen beschriebenen – Stimmung der Spannung und Latenz geführt. Dabei war der Gedanke an eine Bewaffnung der Einwohner aufgekommen, um die

Regierung unter Druck zu setzen und so die Generalstände zu stützen. Wie ein Aufruf ohne sprachliche Form scheint dieser Gedanke am Morgen des 14. Juli eine Bewegung von etwa achtzigtausend Menschen zum Invalidendom ausgelöst zu haben, dessen Befehlshaber ohne Widerstand die ungefähr dreißigtausend dort gelagerten Gewehre freigab. Entscheidend für das Ereignis des 14. Juli 1789 wurde nun aber die Tatsache, dass die Bewegung der Masse mit dem Erreichen des strategischen Ziels am Invalidendom nicht zu einem Ende kam.

Vielmehr richtete sie sich auf einen anderen Bezugspunkt in der Stadt, nämlich die mehrere Kilometer entfernte Bastille, eine Trutzburg aus tiefer feudaler Zeit, die zum Symbol aller erlebten Unterdrückung geworden war, obwohl dort nicht mehr als sieben Häftlinge ohne jede politische oder auch nur individuelle Bedeutung einsaßen. Zur Bastille als Emblem einer verhassten Staatsmacht waren schon am Morgen des 14. Juli Delegationen von Pariser Wahlbürgern gezogen, um mit dem Kommandanten eine Übergabe auszuhandeln – und diesen Delegationen mag die Masse ohne explizite Anweisungen gefolgt sein. Während des Nachmittags kam es – ebenfalls ohne zentralen Beschluss oder Befehl – zur Beschießung, Belagerung und zunächst auch zu einer Verteidigung der Bastille, bei der etwa hundert Angreifer starben und die gegen fünf Uhr mit der Kapitulation des Kommandanten einen frenetisch gefeierten Abschluss erreichte.

Der unmittelbare Eindruck dieser gerichteten und doch anonymen Massen-Bewegung im Raum als Ereignis, ihr Eindruck auf die Welten von Paris, Versailles und bald ganz Europa war ungeheuer – und zwar nicht obwohl, sondern gerade weil sich mit ihr kein politisch zählbarer Erfolg verbinden ließ (wie etwa bei der »Boston Tea Party«). Am 14. Juli 1789 waren die Ereignis-Latenz und das Gewalt-Potential einer räumlichen Bewegung der Masse in Wirklichkeit umgeschlagen, umso sichtbarer und wirkungsvoller, als sich allein diese Dynamik der Gewalt im Raum gezeigt hatte – und nicht etwa eine Strategie oder eine benennbare Wirkung in der Politik. Mit dem ebenso erschreckenden wie erhabenen Ereignis der Massen-Gewalt aber schloss sich schnell jene neue Aura von Legitimität kurz, die ein damals noch vager Begriff vom »Volk« im Lauf des achtzehnten Jahrhunderts gewonnen hatte. Als Masse ohne sichtbare oder unsichtbare Führer war »das Volk« zum – potentiellen – Agenten der Geschichte aufgestiegen, genau formuliert: eher zu einer unendlichen Hoffnung und einer unendlichen Bedrohung aufgestiegen als zu einem wirklichen Agenten. Gerade in dieser Ambivalenz eines doppelten Potentials mag seit dem 14. Juli 1789 die Macht der Masse gelegen haben.

Gesellschaftlich gesehen setzte sich die »Masse« jenes Tages wohl aus Angehörigen aller damals möglichen Stände und Schichten zusammen. Doch die disparate soziale Vielfalt erhöhte nur das Gewicht ihrer Legitimität. Für immer hat der 14. Juli, dessen Ereignisstruktur sich in ähnlicher Prägnanz vielleicht nie wiederholt hat, obwohl sie bis heute als Paradigma und Ikone jedes selbsterklärten »revolutionären Handelns« gilt, für immer haben jene Ereignisse den Klang des Worts »Masse« verändert, ohne dass Intellektuelle – und gerade die Intellektuellen der zukünftigen »Linken« – je den eigenen Bewegungen der Masse wirklich getraut hätten. Auf den letzten Seiten seiner 1843 geschriebenen »Einleitung zur Kritik der Hegelschen Rechtsphilosophie« zum Beispiel identifizierte Karl Marx »das Proletariat« als »vorzugsweise aus der Auflösung des Mittelstandes hervorgehende Menschenmasse«, und traute ihm (als Klasse und als Masse) keinesfalls zu, eigenständig seine Interessen mit Erfolg vertreten zu können: »Wie die Philosophie im Proletariat ihre *materiellen*, so findet das Proletariat in der Philosophie seine *geistigen* Waffen, und sobald der Blitz des Gedankens gründlich in diesen naiven Volksboden eingeschlagen ist, wird sich die Emanzipation der *Deutschen* zu *Menschen* vollziehen. Der *Kopf* dieser Emanzipation ist die *Philosophie*, ihr *Herz* das *Proletariat*.«

Die von Marx unterstellte, zugleich realistische und seine eigene Zukunft begründende Einsicht in den Unterschied zwischen zielgerichtet handelnden Individuen einerseits und der Dynamik von Massen als Agenten der Geschichte andererseits hat die Intellektuellen in ihrer Rolle als Ideologen nicht davon abgehalten, das »Proletariat« oder die »Massen« immer wieder als – rational handelnde – Agenten vorzustellen. Als flagrantestes Beispiel für diese Praxis muss die Erhebung des »Sturms auf das Winterpalais« in Sankt Petersburg vom 26. Oktober 1917 zum Schlüsselereignis der Sowjet-Revolution gelten, denn diese Kanonisierung setzte eine strukturelle Analogie des Herbsttags von 1917 zum 14. Juli 1789 und dem Sturm auf die Bastille voraus. In Wirklichkeit aber ähnelte dieses Ereignis eher der widerstandslosen Eroberung des Invalidendoms am Morgen des 14. Juli 1789. Um Blutvergießen zu vermeiden, erlaubten die militärisch überlegenen Bolschewiken den etwa dreitausend dort einquartierten Soldaten, das Palais bis zum Abend zu verlassen. Der Name eines »Sturms auf das Winterpalais« wurde dann erst 1920 für ein anlässlich des dritten Jahrestags der Revolution inszeniertes Massenspektakel mit zweieinhalbtausend Schauspielern und hunderttausend Zuschauern erfunden, dessen Filmaufzeichnung die sowjetische Regierung bald als historisches Dokument des Jahres 1917 ausgab.

Tatsächlich haben die Massen über das vergangene Jahrhundert zum Standardrepertoire »linker« wie »rechter« Vorstellungen von Ereignissen einschneidender politischer Diskontinuität gehört. Von den »Märschen« als Form der »Machtergreifungen« durch Faschisten und Nationalsozialisten war schon die Rede. Heute sehen die Bewegungen der Massen wieder weniger geordnet aus als faschistische Märsche und kommunistische Mai-Paraden im Zeitalter der Ideologien zwischen den Weltkriegen – und haben so mehr Affinität mit dem 14. Juli 1789 zurückgewonnen. Massen-Bewegungen bei offiziellen Feiern oder Staatsbesuchen, die nicht den offiziellen Jubel-Protokollen folgten, ohne andererseits als Protestaktionen interpretiert werden zu müssen, waren der deutschen Wiedervereinigung vorausgegangen. Der sogenannte »Fall der Berliner Mauer« am 9. November 1989 ging dann auf die vorschnelle Fernseh-Ankündigung eines ostdeutschen Regierungsvertreters zurück, nach der die Durchfahrt zwischen beiden Teilen Berlins »mit unmittelbarer Wirkung genehmigt« sei. Innerhalb weniger Minuten tauchten Hunderttausende von Berlinern aus beiden Teilen der Stadt an der Mauer auf und erzwangen durch ihre bloße physische Präsenz den Vollzug des noch nicht gegebenen Befehls. Aggressiver in ihrer Spannung gegenüber den etablierten Regierungen wirkten der in Tunesien ausgebrochene »arabische Frühling« von 2010 und die Maidan-Revolution von 2014 in der Ukraine. Beide Male erwuchs aus der heute mittels elektronischer Medien möglichen Koordination einer ungeahnten Zahl von Individuen jene neue und stets überraschende Flexibilität der Massen-Bewegungen im Raum, die unter Kontrolle zu bringen der Polizei und dem Militär zunächst kaum gelang. Doch wie im Fall der deutschen Wiedervereinigung – und wie zuvor schon wenige Jahre nach 1789 – gerieten die Impulse von nicht (nach dem Muster der Boston Tea Party) inszenierten Massenbewegungen immer wieder schnell unter strategische Kontrolle, um bald auch durch Verhandlungen zwischen politischen Repräsentanten absorbiert zu werden. Weiter ist die Masse als Agent in der Politik wohl nie gekommen.

Eine durchaus andere, zentralere und nur selten von außen manipulierte Funktion haben Massen, genau genommen: Zuschauer-Massen, seit je für die Geschichte des Sports gespielt. Es gehört zum historischen Konversationswissen, dass der Circus Maximus in Rom, dessen Ausdehnung noch heute vor Ort gut vorstellbar – und sehr eindrucksvoll – ist, über erweiternde Renovierungen eine Aufnahmekapazität von 250.000 Zuschauern erreichte. Um nachzuvollziehen, wie zentral das in-der-Masse-Sein für das Leben vieler Römer wohl wirklich war, muss man bedenken, dass sich seine drei Ränge in einer Stadt von etwa einer Million Einwohnern bis zu sechzig Mal pro Jahr füllten – für Serien von um die neun Minuten dauernden Wagenrennen (»missa«) mit Vierspännern, die über mehrere Stunden fortgesetzt wurden. Diese Rennen waren umso mehr zum Lieblingsspektakel aufgestiegen, als ihre Finanzierung nicht von Eintrittspreisen abhing, sondern durch reiche Sponsoren übernommen wurde – und die Römer der unteren Schichten andererseits ihren Lebensunterhalt mit einem Arbeitstag von vier bis fünf Stunden bestreiten konnten, was ihnen viel Zeit zur Unterhaltung ließ.

Archäologische Funde am Ort des Circus Maximus belegen die Existenz von Wagenrennen als sportlichen Großereignissen seit dem fünften Jahrhundert vor der Zeitrechnung. Eine ausführliche Literatur hat alle Aspekte ausgemalt, unter denen Spektakel im antiken Rom – und an erster Stelle die Wagenrennen – dem Berufssport ähnelten, wie er sich seit der Zeit um 1900 wieder entwickelt hat. Erfolgreiche Lenker der Gespanne von vier Pferden, oft Bürger aus den Provinzen oder ehemalige Sklaven, die sich freigekauft hatten, verdienten Summen, welche wahrscheinlich die Einkünfte von Topstars in den heutigen Mannschaftssportarten überboten. Während hohe Staatsbeamte mit einem Jahreseinkommen von hundert- bis dreihunderttausend und ein Legionär mit einem Sold um die zwölfhundert Sesterzen rechnen konnte, teilte Gaius Appuleius Diocles, ein Wagenlenker aus der Gegend des heutigen Portugal, der Nachwelt auf seinem Grabstein mit, dass er bei um die fünfzehnhundert Renn-Siegen über sechsunddreißig Millionen Sesterzen eingenommen hatte.

Auch die durch die Farben Weiß, Blau, Rot und Grün unterschiedenen vier Rennställe (»factiones«) galten als potente Unternehmen, die ihre besten Pferde und Jockeys (wie die Formel 1-Rennställe von heute) in Mannschafts-Strategien koordinierten – und mit Sponsoren in einem Ton verhandelten, der an gegenwärtige Gespräche zwischen Club- und Medienvertretern erinnert. Exzentrisches Verhalten unter den Anhängern der Factiones ging durch alle Stände und erlangte einen Höhepunkt mit dem Gerücht, dass sich Kaiser Caligula als Anhänger des grünen Stalls ernsthaft mit dem Gedanken trug, den Hengst Incitatus zum Konsul zu ernennen. Entsprechend kritisch (oder auch Ressentiment-geladen) waren schon immer die Reaktionen prominenter Autoren und Denker gewesen, von Cicero, dem die Aufregung über Caligula erspart blieb, über Seneca bis zum Kirchenvater Tertullian.

Einsichten im Blick auf die antiken Zuschauer als Masse ergeben sich aber gerade aus strukturellen Unterschieden zum Berufssport unserer Gegenwart. So blieben etwa die griechischen wie die römischen Stadion-Ereignisse an offenbar nur selten populäre, aber doch nie aufgehobene religiöse Rahmungen gebunden. Renntage begannen mit Prozessionen (»pompae circenses«), in denen Götterbilder, Sponsoren und Athleten sich nach streng festgelegten Regeln den Stadien näherten. Zu den Logen der hohen Beamten aus republikanischer Zeit und später der Kaiser gehörten immer Altäre, an denen Rituale der Eröffnung vollzogen wurden. Denn Stadionereignisse galten als Momente einer Hochstimmung, die ohne die Gegenwart und den Beitrag transzendenter Kräfte kaum vorstellbar waren. Auch die Interessen der Sponsoren lassen sich nicht ganz durch kurzgegriffene Analogien zur Gegenwart erklären. Sie brauchten die Stadionmassen ja weder als Wähler zu gewinnen – noch als potentielle Käufer bestimmter Produkte. Dass es die Massen aber selbst ihrem Liebling Caesar übelnahmen, wenn er während der Rennen in der Loge sichtbar über Schriftstücke gebeugt war, zeigt, wie sehr ihnen an jener geschlossenen Hochstimmung gelegen war, an jener Hochstimmung als einer alle Stände übergreifenden Feier des Lebens in Rom. Sie als kollektives – und auch als eigenes – Lebensgefühl in Ritualen heraufzubeschwören und zu bewahren, musste im gemeinsamen Interesse der Mächtigen liegen. Erst mit der Verlegung der Hauptstadt nach Konstantinopel im frühen vierten Jahrhundert gerieten dann die Factiones und mit ihnen das Ritual der Wagenrennen ins kleinteiligere Kraftfeld politischer Rivalitäten und Intrigen.

Tiefer noch als bei Wagenrennen reichte die übergreifende religiöse Verwurzelung bei den Gladiatorenspielen, die sich vor allem im ersten nachchristlichen Jahrhundert zu einer Alternative und zum Parallel-Spektakel entwickelten, wie der Ausbau des Colosseums auf ein Fassungsvermögen von etwa siebzigtausend Zuschauern belegt. In der Form einer Konfrontation, in welcher zwei Kämpfer ihren Gegner als Präsenz des eigenen Todes erleben, gingen die Gladiatorenkämpfe auf Feiern zurück, die der Erinnerung an Verstorbene und ihrer Vergegenwärtigung gewidmet waren. Wahrscheinlich trug gerade die potentielle Gegenwart des Todes im Schauspiel der Gladiatoren zur gemeinsamen Feier des Lebens bei. Mehr als die Wagenrennen jedoch wurden die

Spektakel im Colosseum zum Gegenstand beständiger Modifikationen und Variationen. Je verschiedene Waffen und Ausrüstungen spielten je verschiedene Formen der athletischen und der existentiellen Asymmetrie unter den Gladiatoren durch, und bald gewannen auch die nicht mehr als Wettbewerb zu erlebenden »Jagden« auf exotische Tiere (»venationes«) oder Wiederaufführungen berühmter Schlachten zu Land und zu See an Beliebtheit.

Am historisch erstaunlichsten mag aber die Tatsache sein, dass die Stadion-Massen in den westlichen Kulturen mit dem römischen Reich an ein weit über tausend Jahre währendes Ende gelangten (gegenüber der romantischen Vorstellung mittelalterlicher »Ritterturniere« ist Skepsis angebracht). Niemand kann mit triftigen Gründen erklären, warum jene Geschichte der Zuschauer-Massen erst im späten achtzehnten Jahrhundert mit Berufs-Boxkämpfen vor über zehntausend Zuschauern in London wieder einsetzte, am Beginn einer Zeit, in der christliche Rituale ihren garantierten Status als Zentrum des sozialen Lebens zu verlieren begannen und die Zukunft mit einem Mal als so offen und kontingent erlebt wurde wie eben sportliche Wettkämpfe. Über das neunzehnte und frühe zwanzigste Jahrhundert – und lange Zeit in Konkurrenz mit dem zunächst aristokratischen, später auch programmatisch sozialistischen Amateursport – haben vor allem verschiedene Ballspiele unter Berufsspielern dann die Stadien wieder gefüllt.

Mit den Olympischen Spielen 1936 in Berlin setzte die Vermittlung von Sportereignissen durch visuelle Medien ein, erreichte im dritten Viertel des zwanzigsten Jahrhunderts sowohl globale Reichweite als auch ein Niveau reproduktiver Perfektion, das dem live-Erlebnis im Stadion überlegen war – und löste plausiblerweise die Prognose und Befürchtung aus, dass Stadion-Ereignisse und mit ihm das Phänomen der Stadion-Masse bald an ihr Ende kommen müssten (Sportfans meiner Generation können sich daran lebhaft erinnern). Das Gegenteil ist eingetreten. Trotz der für viele Zuschauer, zumal auf den schwindenden Stehtribünen, schmerzhaft hohen Eintrittspreise und trotz der höheren Qualität der Medienbilder füllen sich die Stadien heute weltweit mehr denn je. Und wo sie ausverkauft oder unerreichbar fern sind, da wird mittlerweile Public Viewing zu einer alternativen Form des Massen-Erlebnisses, nachweislich auch für einen Großteil von Zuschauern mit wenig Interesse am sportlichen Gegenstand des gemeinsamen Sehens.

Den Stadien selbst jedenfalls kommt der Status eines zentralen, ja oft des einzigen Orts für Rituale realer Präsenz in einer Umwelt zu, deren Alltag sich zunehmend auf elektronisch vermittelte Präsenz in körperlicher Absenz verlässt. Und gerade diese elektronische Umwelt totaler Kommunikation steigert die Intensität der Stadien und der Massen für sich selbst, zusammen mit der Aura einer Erhabenheit, die fern von allen Übungen des bildungsbürgerlichen Geschmacksrepertoires liegt. Nur verdünnt kommt solche Stimmung in den auf Ablenkung setzenden VIP-Lounges an, doch auch sie gehören zum Stadion, weil sich Massen eher in Bewegungen des Einschließens und der Konfrontation verwirklichen als in Bewegungen des Ausschließens. Nicht in der Politik, sondern im Stadion kommen die Massen auf ihren Punkt.

Sollte sich darin die »Halsstarrigkeit« der Masse ohne starken Führer einlösen, die der Gott der Torah seinem Volk vom Berg Sinai zweimal vorgeworfen hatte? Die Masse ist jedenfalls nicht implodiert oder verschwunden in einer Zeit, deren Gesellschaft, Wirtschaft und Technologie keinen Raum mehr – im wörtlichen und im übertragenen Sinn – für sie zu haben scheinen. Deshalb wird jedes Stadionereignis auch zu einem neuen, drastischen, weder wirklich politischen noch wirklich rechtlichen Bestehen der Masse auf dem Recht ihrer Existenz. Dies mag es sein, was die Ultras nicht zu sagen vermögen.

Erleben kann man, wie im Stadion die Masse zur Erfüllung kommt. Nur dort kann ich in meinem Körper allein sein dank der lateralen Präsenz Tausender anderer Körper; nur das Stadion gibt den in Präsenz versammelten Körpern eine gemeinsame Form, die ihre Bewegung begrenzt und zugleich durch diese Begrenzung anstößt; nur im Stadion ist das tausendfach gemeinsame Alleinsein transitiv auf ein Geschehen gerichtet: auf ein Geschehen in Musik, in der Liturgie einer Religion und vor allem im

Wettkampf von Athleten (Stadien waren nie allein Orte des Sports, aber werden sich wohl immer vor allem auf den Sport verlassen). Und nur dort können Geschehens-Sequenzen im Fokus der Aufmerksamkeit die Ereignis-Latenz der Massen in explosive Ereignisse umschlagen lassen, willkommen oder nicht willkommen, gewaltsam oder freundlich, jedenfalls stets unvorhersehbar – stets Ereignis und oft dionysisch.

In der Masse – lateral:
Schwärme, Spiegelneuronen, Primaten

Begriffe, mit denen wir – in die Jahre gekommene Zuschauer auf den besseren Sitzplätzen –, aber auch die Ultras in Dortmund, Manchester oder Buenos Aires klar machen könnten, warum Stadion-Massen uns so unwiderstehlich anziehen, gibt es also noch nicht – von einer kohärenten »Theorie des Stadionerlebnisses« ganz zu schweigen. Schon aus Gründen der Selbstachtung kann ich mich nicht auf Ansätze mit der Voraussetzung einlassen, dass Teil einer Masse zu sein meine intellektuellen und affektiven Möglichkeiten als Individuum herabstuft, einmal abgesehen davon, dass sie eine unerträglich engstirnige Vorstellung von Individualität als einzig lebenswerter Existenzform implizieren.

Gleich unpassend wirken verschiedene Konventionen, von Massen so zu reden, als ob sie Agenten, Handlungs-Subjekte oder gar Individuen seien: denn Massen haben entscheidende Schritte politischer Veränderung nie wirklich gewollt oder vollbracht; ebenso wenig ähneln sie auf der negativen Seite, wie es Sigmund Freud unterstellte, neurotischen Individuen; und schon gar nicht benehmen sich Massen »halsstarrig« oder unterwürfig gegenüber potentiellen Führern, so als hätten sie eine individuelle oder eine mit ihrer Struktur verbundene, übergreifende »Persönlichkeit«. Das Konzept »Massenverhalten« impliziert, dass entsprechend »übergreifende« Typologien möglich sind, so wie bei einer Nation, einer sozialen Gruppe oder einer biologischen Gattung. Doch dafür haben wir keine ernstzunehmende Evidenz. Wir können zu beschreiben versuchen, wie eine große Gruppe von Menschen in einem bestimmten Fall (etwa dem 14. Juli 1789) entstand, sich veränderte und irgendwann wieder auflöste. Doch dann geht es um jeweils besondere Schritte und Prozesse, die nicht zu einem übergreifenden Formenrepertoire von »Massenverhalten« führen.

Wie könnten also Begriffe oder Theorien aussehen, mit denen wir Fans und Romantiker des Stadions unsere Massen-Faszination greifen können? Anders gesagt und noch einmal: worum genau geht es in diesem Essay – und worum geht es den Ultras, wenn sie laut werden? Die meisten von uns fühlen sich »anders«, wenn sie in einer Masse, Teil einer Masse sind. Weder bedroht noch existentiell reduziert kommen wir uns vor, eher als Teil einer kollektiven Verkörperung sonst nicht präsenter und daher ungeahnter Möglichkeiten unserer Existenz. Zum Beispiel finden wir uns in besonderer Weise einsam oder konzentriert in einer Masse, ekstatisch, hochgestimmt oder gewaltbereit. Teil einer Masse zu sein, setzt Potentiale frei, die anders nicht zum Tragen kommen – und solche Potentiale möchte ich in den Vordergrund rücken.

Gelegentlich waren schon die Unterscheidungen zwischen einer lateralen, einer transitiven und einer vertikalen Dimension des Seins in der Masse aufgetaucht, und sie sollen für dieses und das nächste Kapitel grundlegend sein. »Lateral« nenne ich das Erleben des Verhältnisses zwischen meinem Körper und anderen Körpern in der Masse, anders gesagt: jene Dimension, die mich zum Teil einer Masse macht. »Transitiv« ist die unter Massen-Bedingungen spezifisch gerichtete Aufmerksamkeit auf die Gegenstände des Stadion-Spektakels. Und diese »transitive« Dimension kann eine »vertikale« Dynamik auslösen, eben die Aktivierung jener besonderen Potentiale bewirken, die wir im Alltag außerhalb der Masse nicht erleben. Ich konzentriere mich nun zuerst auf das laterale Verhältnis zwischen den Körpern und komme dann – im nächsten Kapitel – zu den vertikal »erhebenden« Momenten in der Masse. Die »transitive« Richtung des Erlebens wird diese beiden Beschreibungs-Komplexe verbinden.

Eine von jenen fast rhapsodisch-kohärenten »Theorien«, mit denen wir Geisteswissenschaftler uns im späten zwanzigsten Jahrhundert erfreuten, fällt mir – wie gesagt – zum Thema nicht ein. Ich werde also eklektisch verfahren und für die laterale Dimension Begriffe und Thesen aus drei verschiedenen Denk-Richtungen borgen: aus Beobachtungen über

Schwärme; aus der Entdeckung der sogenannten »Spiegelneuronen« und der anschließenden Diskussion über ihre Bedeutung für das Verstehen von Sozialbeziehungen; und schließlich aus der Primatenforschung. Mit dieser eklektischen Bündelung von Perspektiven kommt eine (intern wohl selbst heterogene) Ebene des menschlichen Erlebens in den Blick, deren Gegenstände dem Bewusstsein einerseits weder als Teil des psychoanalytischen »Unbewussten« noch als Bereich rein physiologischer Prozesse ganz und gar unzugänglich bleiben; andererseits aber werden sie kaum je zu konturierten (»intentionalen«, wie es in der phänomenologischen Philosophie heißt) Gegenständen der Erfahrung.

Eher scheint in der Masse so etwas wie ein »Gefühl« von der lateralen Beziehung des eigenen zu anderen Körpern im Bewusstsein »mitzulaufen«, mitzulaufen als Teil von Verhaltensschichten, die wir mit anderen Lebewesen teilen und kaum je bemerken, aber eben mittels aktiver Reflexion durchaus in Komplexe von »intentionalen Objekten« und mithin in erste Begriffs-Beschreibungen überführen können. Solche ersten Beschreibungen möchte ich nach den für mich besten – das heißt: eklektischen – Möglichkeiten liefern. Es geht also um einen »Versuch« von Beschreibung, der auf Beistimmung oder Korrektur aus der Introspektion anderer Stadionbesucher angewiesen ist und am Ende wohl auch auf die Weiterführung in empirischen Untersuchungen. Vorerst heißt die Frage aber nur, ob sich ein Denken in diesen lateralen, transitiven und vertikalen Richtungen als erhellend herausstellt.

»Schwarmverhalten« ist während der vergangenen Jahrzehnte zu einer Faszination des Denkens und der Forschung geworden, weil Schwärme als Kollektiv-Strukturen von Lebewesen eine Intelligenz der Bewegung und der Selbsterhaltung zeigen, die sich weder in den sie konstituierenden individuellen Einheiten noch in deren bloßer Akkumulation auffinden lässt. Dies gilt auch und vor allem für das Verhalten von durch elektronische Geräte koordinierten Menschen-Massen in politischen Protestaktionen und in lokalen Situationen asymmetrischer Kriegsführung (was erklärt, warum Militärakademien rasch zu den Zentren einschlägiger Reflexionen und Untersuchungen geworden sind). Alle Lebewesen jedenfalls, die nicht auf einen und nur einen permanenten Ort ihrer Existenz festgelegt, also der Bewegung fähig sind, einschließlich der Bakterien und der meisten Pflanzen, konstituieren sich in Schwärmen, grundsätzlich oder gelegentlich. Schwärme kann man als Konvergenz zweier gegenläufiger Prinzipien im Verhältnis zwischen ihren Einheiten definieren, die wir beide schon im Blick auf Massen bemerkt haben. Einheiten in einem Schwarm werden erstens durch die Konzentration einer großen Zahl von jeweils Ihresgleichen angezogen (von deren Zentrum, wie etwa von der Königin eines Bienenschwarms, oder von deren Bewegung, wie bei einem Vogelschwarm), und diese

Einheiten tendieren zweitens trotz Konvergenz und wachsender Nähe in diesem Angezogen-Sein dazu, wechselseitige Kollisionen zu vermeiden. Vor allem auf den vollen Rängen eines Stadions wollen wir stehen oder sitzen, und wir wollen von denen, die neben uns sind, weder angesprochen noch angerempelt werden.

Mit der Annäherung an ein jeweiliges Zentrum des Schwarms oder mit der Geschwindigkeit seiner Bewegung aber steigt, wie schon gesagt, die Wahrscheinlichkeit von Kollisionen, und wird zu einer Herausforderung, die der Schwarm und seine Einheiten vor allem mittels Stigmergie bewältigen. Dieser Begriff bezieht sich auf eine Serie jeweils ähnlicher, Kollisions-vermeidender Bewegungen durch individuelle Einheiten, die jeweils gegenüber der Bewegung der vorausgehenden Einheit leicht modifiziert werden, was eine ebenso paradoxale wie katastrophale Wirkung – nämlich: Total-Kollision durch Akkumulation von gleichen Akten der Kollisionsvermeidung – ausschließt. Stigmergie ist uns vor allem von den Rändern und den Kurven von sich verdichtenden und dann wieder entfaltenden Vogelschwärmen vertraut. Gemeinsam und als Sequenz produzieren die Einzel-Bewegungen eine Komplexität (und oft eine Schönheit) der Gesamt-Bewegung, der kollektiven Selbsterhaltung und auch der Energieersparnis für jede der Einheiten eines Schwarms, welche zusammen einer hohen Performanz von Intelligenz entsprechen, ohne dass diese Intelligenz ein Zentrum oder eine hierarchische Struktur zur Kommunikation von Befehlen hätte. Diese Intelligenz ist hier fragmentiert und wirkt doch als Vektor einer Gesamtbewegung.

Doch im Blick auf die mögliche Affinität zwischen Menschen-Massen und Schwärmen liegt mir mehr noch als am Aspekt der Intelligenz am Aspekt ihrer Bewegung (nicht zuletzt, weil die Schwarm-Intelligenz als fragmentierte ja nicht von einem menschlichen Bewusstsein innerhalb einer Masse oder innerhalb eines Schwarms erlebt werden kann). Das Angezogen-Sein durch eine Masse und das Vermeiden von Kollisionen in der Masse, die beiden Schwarm-konstituierenden – lateralen – Prinzipien unter ihren Einheiten also, kennen wir aus dem Stadion. Sollten sich Schwärme und Massen als Phänomene tatsächlich überlagern und sollten Schwärme ohne Bewegung gar nicht existieren, dann kann sich die unvermeidliche Bewegung einer Masse (als Schwarm) im begrenzten Raum des Stadions nicht wirklich entfalten und mag dort in Latenz zurückgehalten werden. Bewegung in Latenz, die wir innerhalb der Masse und als Teil der Masse oft wie eine psycho-physische Vibration, wie eine Unruhe, einen intransitiven Drang wahrnehmen (zum Beispiel in der mit den Spielern geteilten Unruhe nach dem »größten Rugby-Spiel aller Zeiten«); Bewegung in einer Latenz, die als Energie auch in gemeinsame Bewegungen ohne räumliche Veränderung eingehen (in parallel koordinierte rhythmische Gesten etwa, ins Singen); und Bewegung in einer Latenz, die stets in Gewalt als Einnahme von Räumen durch Körper gegen den Widerstand anderer Körper umschlagen kann. Ohne ein Risiko von Gewalt gibt es die Energie der Massen nicht. Neutraler formuliert: vermutlich steht hinter der Ereignis-Latenz von Massen die Latenz einer zurückgestauten Schwarm-Bewegung.

Wie das Schwarmverhalten, so sind auch Spiegelneuronen seit Ende des zwanzigsten Jahrhunderts zu einem Lieblingsthema unserer intellektuellen Gegenwart geworden. Doch hier war der Ausgangspunkt nicht – wie bei den Schwärmen – eine Verschiebung im Interesse an menschlichen Verhaltensformen, sondern eine handfeste naturwissenschaftliche Entdeckung, die allein auf Primaten-Gehirne zutrifft. Während der neunziger Jahre stießen Neurowissenschaftler an der Universität Parma auf Neuronen in Primatengehirnen, die nicht nur von gewissen Bewegungen und Verhaltensformen des einen Körpers aktiviert werden, zu dem das jeweilige Gehirn gehört, sondern auch durch die Wahrnehmung ähnlicher Bewegungen und Verhaltensformen bei anderen Primaten (und darüber hinaus, wie wir heute wissen, auch bei Lebewesen entfernterer Gattungen). Spiegelneuronen sind jene Neuronen, welche einer solchen Doppelreaktion fähig sind, und der Effekt ihrer Aktivierung, ein Effekt, der zu größerer Empathie oder der Affinität zwischen Primaten, einschließlich Menschen, führen mag, heißt »verkörperte Simulation«.

Relevant im Blick auf Massen, vor allem auf Stadion-Massen, erscheint nun die Beobachtung, dass wahrgenommene Bewegungen die Spiegelneuronen nur dann aktivieren, wenn sich diese Bewegungen in der physischen, aber vor allem der existentiellen Nähe des wahrnehmenden Körpers vollziehen, im Bereich seiner »Zuhandenheit«, wie es Vittorio Gallese formulierte, ein philosophisch außergewöhnlich gebildeter Forscher unter den Entdeckern der Spiegelneuronen. Zugleich ist experimentell klar geworden, dass medial vermittelte belebte Bilder, natürlich vor allem Nahaufnahmen, dieselbe Wirkung wie unvermittelt wahrgenommene Bewegungen auslösen. Grundsätzlich funktioniert der Mechanismus der Spiegelneuronen allerdings allein in Verhältnissen zu Bewegungen und Verhaltensformen, die zum Eigen-Repertoire der wahrnehmenden Primaten gehören. Das Geräusch von Hundebellen etwa aktiviert bei ihnen keine Spiegelneuronen. Andererseits scheint es aber eine gewisse »Plastizität« zu geben, denn im Unterschied zum Hunde-Bellen können Bilder fliegender Vögel offenbar Primaten-Neuronen aktivieren, die bei ihnen Gefühle der physischen Affinität zum Fliegen auslösen (»Empathie« mag ein allzu anspruchsvoller Begriff für die Beschreibung dieses Sachverhalts sein).

Im Blick auf die laterale Dimension der Nähe, der Zuhandenheit innerhalb einer Masse heißt dies, dass ich die Bewegungen von Körpern neben, vor und hinter mir aufgrund der Funktionsweise von Spiegelneuronen gar nicht aktiv zu kopieren brauche, wenn ich mich denn ähnlich wie sie verhalten will. Eine Disposition, vielleicht sogar ein erster Impuls zu analogem Verhalten stellt sich schon durch die bloße Wahrnehmung der Bewegung anderer Körper ein – und es ist vorstellbar, dass sich ein solcher Impuls verbindet und verstärkt wird mit der Bewegungslatenz einer Masse als Schwarm. Vor allem sind uns Spiegelneuronen-Effekte vertraut vom – transitiven – Blick aus der Masse auf das Spielfeld. Unsere Oberschenkelmuskeln werden im Blick auf den Stürmer beim Torschuss aktiv, unsere Arme, wenn wir sehen, wie sich der Torwart nach dem Ball streckt. Und auch hier scheint der Gedanke an eine mögliche Verbindung der von Spiegelneuronen ausgelösten Bewegung mit der in der Masse aufgestauten Bewegungslatenz suggestiv. Vielleicht erklärt ja genau die Konvergenz der beiden Bewegungsimpulse den Eindruck einer »transitiven«, einer besonders gerichteten Aufmerksamkeit gegenüber den wahrgenommenen Bewegungen auf dem Feld; vielleicht ist sie der Grund, warum ich mich an Adi Preißlers Geste vom Februar 1958 und an Uwe Seelers Schuss im Frankfurter Waldstadion mit so überwältigender Unmittelbarkeit erinnern kann.

Anders als Schwarmverhalten und Spiegelneuronen hatte die Beobachtung von Primaten schon über das gesamte zwanzigste Jahrhundert als ein Hintergrund zur Entwicklung von Konzepten für die menschliche Selbstreferenz als Gattung beigetragen.

Doch auch hier hat sich eine produktive Verschiebung des Interesses vollzogen. Primatenverhalten wird heute nicht mehr beschrieben, um immer wieder den angeblich großen Abstand zu spezifisch menschlichen Formen der Performanz und der Intelligenz zu vermessen. Vielmehr geht es mittlerweile vor allem um wechselseitige Kontraste und um die begriffliche Erfassung grundlegender Unterschiede. Dies bedeutet dann auch, dass Affinitäten zu anderen Gattungen (zum Beispiel Affinitäten zwischen Menschen und anderen Primaten) nun nicht mehr als »evolutive Restbestände«, sondern eben als besondere Potentiale begriffen und ins menschliche Bewusstsein gebracht werden.

Besonders inspirierend wirkt im Bezug auf die Massen im Stadion eine bei Primaten zu beobachtende Phase des sich-Versammelns und des Einhaltens vor Beginn der Schwarmbewegung, zu der ein anschwellender Chor ihrer Stimmen gehört. Der Status eines Schwarms scheint also nicht vollkommen synonym oder deckungsgleich mit seiner Bewegung zu sein, eher wirkt er grundsätzlich Latenz-fähig – und zur Latenz gehört hier vokales Verhalten (der anschwellende Chor der Primatenstimmen – und wohl auch das Singen im Stadion). Während der Phase der Latenz bewegen sich »Initiatoren« unter den Primaten in verschiedene Richtungen von der versammelten Masse weg und prüfen mit Blicken über die Schulter, ob ihre Bewegungen kopierende Bewegungen oder Bewegungen der Stigmergie bei Ihresgleichen auslösen. Wir wissen von auf dem Boden oder in den Bäumen in wechselseitiger Nähe gegenwärtigen Vogelschwärmen, dass es hier keine zentrale »Entscheidung« und schon gar keine »Anführer« gibt. Die kollektive Bewegung des Schwarms wird sich am Ende in jene Richtung entfalten, in der mehr und sich beschleunigende Fälle von Kopier- und Stigmergie-Verhalten stattfanden.

Wesentlich ist nun, dass diese lateralen Beziehungen offenbar keine Dimensionen implizieren, die wir mit dem Begriff der Empathie verbinden könnten. Zur Masse und zum Schwarm gehört allein und ohne Ausnahme, wer sichtbar und hörbar ein Teil der Masse oder des Schwarms ist. Primaten, die den Kontakt mit ihrer Gruppe verlieren, werden nicht eingeholt. Es gibt unter ihnen keine Beziehung, die sich beschreiben ließe als ein imaginäres »Sich Versetzen in die Situation eines Anderen«, sondern ausschließlich Kopierverhalten, so wie sich auch nicht mit Gewissheit so etwas wie eine »Trauer« über gestorbene Mitglieder einer Gruppe von Primaten ausmachen lässt. Der Körper des je anderen im Schwarm ist vor allem ein einzelner Körper in seiner wahrnehmbaren und kopierbaren Konkretheit. Evidenz für das Äquivalent eines Begriffs von übergreifender Bewegung, von übergreifender Soziabilität oder gar von einer »Gattung« gibt es nicht. Was wir im Blick auf Menschen »rationale« (und mithin zentrale) »Steuerung einer Gruppenbewegung« nennen, müsste aus der Perspektive von Primaten, wenn eine solche Steuerung denn existierte, wohl wie eine schlechte Kompensation für die Konkretheit kopierbarer körperlicher Präsenz wirken.

Ausschlaggebend für die laterale Dimension unseres Seins in einer Stadionmasse ist jedenfalls die Bedingung, dass in einem vollen Stadion die Körper einander näher rücken müssen, was bedeutet, dass sowohl Kopier- wie Schwarmverhalten ausgelöst wird, wie es unter den Bedingungen – natürlicher, technologisch bedingter oder als Hygienebedingung auferlegter – Distanz nicht zum Repertoire der menschlichen Existenz gehören kann. Die Konsequenzen des Kopier- wie Schwarmverhaltens und mithin die Phänomenologie der lateralen Dimension von Massen kann man dann unter drei Perspektiven beschreiben.

Ich bin mit meinem Bewusstsein Teil der Masse und daher erstens imstande, in der Masse allein zu sein. Denn mein Bewusstsein erlebt, dass ich mit den anderen Körpern im Stadion nicht – wie zum Beispiel mit Gesprächspartnern, mit Schülern oder mit Verwandten auf einem Fest – über Empathie verbunden bin. Ich versetze mich nicht »in sie«, ich identifiziere mich nicht »mit ihnen« – und schon gar nicht sehe ich im Verhältnis der Anhänger der anderen Seite zu ihrer Mannschaft »empathisch« ein Funktionsäquivalent meines Verhältnisses zu meiner eigenen Mannschaft. Prinzipiell bin ich in meinem Bewusstsein allein und isoliert, weil ich die anderen Körper nicht primär als Bewusstseins-

Träger erlebe, sondern als konkrete Gegenstände, die sich von mir als Bewusstsein absetzen (anders als in der VIP-Lounge unterhalte ich mich mit dem Fan, der neben mir steht oder sitzt, eigentlich vor dem Spiel oder in der Halbzeitpause). Dies ist im Stadion keinesfalls ein Mangel, kein Herabstufen der eigenen Individualität. Vielmehr können die anderen Körper, die mich begleiten, eben als konkret-sichtbare Körper zu einem Kontrast-Hintergrund für meine transitive und einsame Konzentration auf das Geschehen des Spielfelds werden. Nichts lenkt mich ab, solange das Spiel dauert, und es gibt keine Alternative zu dieser Konzentration und ihren Gegenständen.

Zweitens sind wir – wahrscheinlich dank der Spiegelneuronen – mit den anderen Körpern der Masse in unserer räumlichen Nähe und existentiellen Zuhandenheit durch ein wechselseitiges Kopierverhalten verbunden, das keiner Reflexion bedarf, um zu funktionieren. Hier muss der Grund für das »Sprechen in Zungen« liegen. Wenn die Dortmunder Süd »You'll Never Walk Alone« singt, dann vollzieht sie nicht den Inhalt eines lyrischen Texts nach, in dem unter anderem von einer »Lerche« die Rede ist, sondern produziert die rein körperliche – und gerade deshalb tendenziell akzentfreie – Kopie einer Folge von Lauten in einem bestimmten Rhythmus, wie es eben unter der Bedingung lateraler Präsenz möglich wird. Anders übrigens als die »Apostelgeschichte« berichtet, ereignet sich das »Sprechen in Zungen«

innerhalb radikaler christlicher Gemeinden in den Vereinigten Staaten heute nicht etwa in Äußerungen, deren Inhalt sich ihren Hörern – in einer den Rednern zuvor unbekannten Sprache – theologisch oder mythologisch erschließt, sondern tatsächlich in Lautsequenzen und Rhythmen, die »klingen wie« eine idiosynkratische, »vom Geist inspirierte« Sprache, aber letztlich Lautsequenzen ohne Inhalt sind. Durch Vollzug von Sequenzen dieser Art kann man in der Einsamkeit der Konzentration – das heißt: lateral – mit den Körpern der anderen zu einem kollektiven Körper werden. Dabei muss das Kopier-Verhältnis zwischen den verschiedenen Körpern wohl nicht unbedingt ein Verhältnis des Eins-zu-Eins sein. Es kann sich, vor allem am Rand der Masse (oder des Schwarms), wohl auch um Kopien mit einer leichten, sich in der je nächsten Kopie fortsetzenden Abweichung handeln, um Stigmergie, vielleicht wie bei der variierenden Improvisation im Jazz.

Sollte es drittens zutreffen, dass zur Masse als Schwarm eine gerichtete Bewegung gehört, die unter der räumlichen Bedingung des Stadions zur Latenz gestaut wird, dann lässt sich so erklären, warum das Stadion-Erleben in seiner vertikalen Dimension von einer speziellen Energie, eben vom Stau jener Bewegung durchdrungen und erhoben wird. Solche Energie hat sich immer wieder in gerichtete Bewegungen kollektiver Körper entladen, die sich meist in Nichts auslösen – aber auch zu Gewalt werden können, sobald sie auf andere Körper stoßen. Die Gefahr solcher Ereignisse nimmt nicht ernst genug, wer sie als bloßen Ausdruck von Protest oder Frustration deutet. Denn ihre Brutalität ergibt sich gerade daraus, dass sie Energie ohne psychischen Inhalt sind. Wie zum Beispiel die »grundlose« Gewalt einer Gruppe von Fans der deutschen Nationalmannschaft, die nach einem als bequemes Unentschieden beendeten Vorrundenspiel bei der Weltmeisterschaft 1998 in der französischen Stadt Lens am 21. Juni den Polizisten Daniel Nivel überrannte und fast zu Tode trampelte.

Vorzuschlagen, dass aufgrund dieser Gewalt-Gefahr, die sicher nie vollkommen zu eliminieren oder kontrollieren ist, Massenereignisse im Stadion verboten werden sollen, ist eine nachvollziehbare Position, die nach der Zeit des Corona-Schocks auch aus der Richtung anderer »guter Gründe« (vor allem zur Minimierung von Ansteckungsrisiko) an Gewicht gewinnen wird. Doch die gestaute Bewegung als Ereignis-Latenz und Energie enthält zugleich ein Potential von Hochstimmung, ohne das Stadion-Ereignisse als Rituale von Präsenz implodieren müssten. Und wir mögen diese Rituale heute nötiger haben als je zuvor, jene Rituale, die sich aus der lateralen Energie des Kopierens, aus der transitiven Ausrichtung auf das Geschehen des Spielfelds und aus der aufgestauten Bewegungsenergie – gleichsam – vertikal über den Alltag erheben können.

Bleibt die Frage, wie sich die Beziehung zwischen

der architektonischen Form von Stadien und dem Grad der in ihnen gespürten Energie fassen lässt. Dies ist Stoff für ein anderes, längeres Buch – zumal ja in der jüngeren Vergangenheit und wohl nicht ganz zufällig der Stadionbau zum Experimentierfeld prominenter Architekten geworden ist. Dass die schönsten Stadien nicht immer die intensivsten sind, versteht sich, vor allem wenn sie den Zuschauern und dem Feld der Athleten allzu viel Platz geben. Aber auch die Umkehrung lässt sich nicht zur Regel machen: Enge mag eine bessere Voraussetzung für die Stadion-Intensität als Weite sein, aber sie allein reicht gewiss als Intensitäts-Garantie nicht aus. Die Energie aus der Masse scheint dort am intensivsten zu sein, wo man das Stadion, um zum ersten Mal Elias Canettis Buch positiv zu zitieren, als »schwarz vor Masse« erlebt. Dies ist wohl am ehesten in asymmetrischen, nicht aus einer einzigen geschlossenen Baubewegung entstandenen Stadien der Fall – in La Bombonera, Anfield Road, Dortmund. Eine Formel gibt es auch hier nicht, aber bestimmt sollte die Architektur von einer Geschichte ihres Orts geladen sein.

In der Masse – vertikal: Mystische Körper, Intensität, Verklärung

Dass die christlich-theologische Tradition, anders als die Soziologie und anders auch als die Kulturwissenschaften, über einen Begriff verfügt, der Gemeinschaften unter Menschen als über ihre Körper vermittelt auffasst und nicht über geteiltes Wissen oder geteilte Interessen, hatte ich schon erwähnt. Es handelt sich um das Selbstverständnis der katholischen Kirche als »Christi mystischer Körper«, dem in den Schriften des Kirchenvaters Augustinus aus dem späten vierten und frühen fünften Jahrhundert die einfachere Formulierung von der Kirche als »Körper Christi« vorausging. Das Adjektiv »mystisch« hatte sich im Zusammenhang mit dem »Körper Christi« zunächst ausschließlich auf den logisch nicht begründbaren Status vom »fleisch-gewordenen« Sohn eines »dreieinig-geistigen« Gottes bezogen. Erst die mittelalterliche Scholastik begann, den Begriff des »Mystischen« auch mit dem »Körper Christi« als Metapher für die Kirche zu verbinden. In diesem Kontext scheint die Bedeutung des Wortes im Sinne von »unerklärlich« auch weiterhin gegenüber seinem Bezug auf besonders »unmittelbare Gotteserfahrungen« überwogen zu haben.

Doch wie kam es überhaupt dazu, dass Christen – anders als monotheistische Gläubige im Judentum und im Islam – ihre wechselseitigen Beziehungen als körperlich vermittelt ansehen wollten? Es muss zum einen damit zu tun gehabt haben, dass sie seit jeher ihre Gemeinschaft vom fleischgewordenen Sohn des dreieinigen Gotts herleiteten (mehr als von »Gott Vater« und vom »Heiligen Geist«, so problematisch eine solche »Priorität« theologisch auch sein mag); zweitens wollen sie bis heute diese Gemeinschaft mit dem Eucharistiesakrament als zentralem Ritual am Leben halten, und das heißt im katholischen Verständnis: durch Theophagie, durch das Essen von Christi Leib und das Trinken seines Bluts (denn katholisch gesehen sind das Brot und der Wein der Eucharistie nicht »Symbole«, sondern stehen für die »reale Präsenz« von Christi Fleisch und Blut).

Die jüngste und für das Selbstverständnis der katholischen Kirche bindende Entfaltung des Motivs vom »mystischen Körper Christi« geht auf eine während des Pontifikats von Pius XII. am 29. Juni 1943 erlassene Enzyklika zurück. An der nicht säkularen, nun wohl im doppelten Sinn »mystischen« Einheit seiner Gläubigen musste dem Vatikan und Papst Pius (einem ehemaligen Nuntius in Hitler-Deutschland) damals angesichts einer Welt-Situation besonders gelegen sein, welche etwa dreihundertfünfzig Millionen Katholiken zwischen den kriegführenden Koalitionen aufspaltete. Deshalb wohl setzte der Enzyklika-Text mit der Szene von den Feuerzungen über den Häuptern der Apostel beim ersten Pfingstfest ein, mit dem Gründungsereignis der christlichen Kirche.

Diese Gemeinschaft wird anschließend in all ihren institutionellen Dimensionen mit der einschlägig konventionellen Metapher des Körpers beschrieben. Drei Aspekte erscheinen – auch im Hinblick auf unser nicht-theologisches Interesse an den Menschen-Massen – bemerkenswert und werden im Text als jeweils spezifische Interpretationen des Adjektivs »mystisch« präsentiert. Zum ersten die Erfahrung, dass die einzelnen Institutionen der Kirche und vor allem die individuellen Gläubigen – anders als die Organe eines biologischen Körpers – ihre Unabhängigkeit und sogar ihre »eigene Persönlichkeit« bewahren. Hier mag eine Affinität zu unserer Beobachtung von der speziellen »Einsamkeit« des Zuschauers im Stadion liegen, einer Einsamkeit vor dem lateralen Hintergrund der Körper anderer Zuschauer, die ihn begleiten (werden wir also »zu anderen Personen« während der Stunden im Stadion?). Zum zweiten hebt die Enzyklika hervor, dass die körperliche Einheit der Kirche wesentlich aus den konvergierenden Blicken auf das Leidensgeschehen des gekreuzigten Christus erwachse. Dieses Motiv erinnert an die Intuition von der individuell-transitiven Aufmerksamkeit auf das Spielgeschehen als einem der Gründe für die Emergenz der Masse als kollektivem Körper im Stadion. Vor allem aber entsteht der eigentliche Appell der Enzyklika aus dem durchgehenden, nur säkular, aber nicht theologisch paradoxalen Gedanken, dass die Konzentration auf das physische Leiden Christi für die Kirche Anlass zur »größten Freude und Hochstimmung« sei.

Genau in ihren drei Sinn-Dimensionen kann uns die argumentative Struktur der Enzyklika von 1943 eine Form für die hier einsetzende Fortsetzung unserer Reflexion über das interne Erleben der Stadion-Masse vorgeben. Es wird darum gehen zu begreifen, wie aus dem transitiven Blick von lateral Einzelnen auf körperliches Geschehen eine gemeinsame Hochstimmung aufsteigen kann. Darauf verweist das Adjektiv »vertikal« in der Kapitelüberschrift. Allerdings ist die Vertikale des Stadions keine transzendente, keine religiöse Vertikale. Wenn im Stadion eine Stimmung aufsteigt, so steigt sie nicht in eine andere »höhere« Welt auf. Vielmehr liegt gerade in der Diesseitigkeit der Stadionereignisse eine Bedingung für ihre Intensität als Feier von realer Präsenz: diesseitige Intensität kann sich nicht in andere Sphären verflüchtigen. Zuschauersport hat also keinesfalls die Religion in unserer Gegenwart ersetzt, wie es eine unter Intellektuellen beliebte, »geistreiche« Meinung möchte, und die Stadien sind nicht unsere Kathedralen, so sehr sich auch die Stimmungen und manchmal sogar die Architektur von Stadien und Kathedralen ähneln mögen (persönlich gewendet: gerade weil ich mich als religiös unmusikalisch erlebe, spüre ich eine spezielle – säkulare – Faszination für religiöse Rituale und für vor allem katholische Theologie). Noch eine andere, weder religiöse noch vertikale Grenze wird als Voraussetzung für Hochstimmung nun in den Blick kommen, nämlich der – vor allem bei Mannschaftssportarten ebenso essentielle wie prekäre – Gegensatz zu den Zuschauern und den Spielern des »Gegners«.

Dieses Kapitel über die vertikale Dimension der Masse nimmt seinen Ausgang von weniger eklektischen Positionen als die vorausgehenden Überlegungen zu ihrer lateralen Achse. Zunächst möchte ich – als nachzuholende Prämisse – erklären, was genau es bedeutet, von Stadion-Ereignissen als Ritualen der »Präsenz« zu sprechen. Dann nutze ich zwei Präsenz-nahe, intrinsisch komplexe Begriffe, nämlich »Intensität« und »Rhythmus«, um entlang ihrer Bedeutungen den Aufstieg einer Masse zu Hochstimmung in zwei Versionen zu beschreiben. Weniger philosophisch gesagt: es soll um ein von individueller Konzentration auf Bewegungen ausgelöstes Selbst-Erleben gehen, das sich nur in einer Masse einstellt, um ein Selbst-Erleben, das weder den Strukturen subjektiven Verhaltens (etwa »Aufregung«) noch denen von Natur-Ereignissen (etwa »Gewitter«) entspricht.

Eine Präsenz-nahe Perspektive, wie sie die Analyse von Intensität und Rhythmus in der Masse voraussetzt, war schon immer unterstellt, wenn ich betonte, über Massen nicht wie über Handlungs-Subjekte oder gar Individuen reden zu wollen. Grundsätzlich können wir uns ja jedem intentionalen Objekt, jeder Wahrnehmung, die zu einem Gegenstand in unserem Bewusstsein wird, unter zwei Perspektiven nähern: Wir können einen Gegenstand, eine Person oder ein Kollektiv entweder »interpretieren«, indem wir ihnen eine Funktion oder eine Intention zuschreiben (dabei werden dann etwa aus den Massen unvermeidlich Handlungssubjekte). Alternativ können wir uns zu einem Gegenstand, einem Individuum oder einem Kollektiv aber auch in einer »Präsenz«-Beziehung verhalten, wenn wir nämlich ihre konkret-räumliche Erscheinung in Relation zu unseren eigenen Körpern setzen (die ursprüngliche Bedeutung des Verbs »prae-esse« ist »vor jemandem / vor etwas stehen«). Seit dem westlichen siebzehnten Jahrhundert, mit dem Aufkommen von Rationalität und Vernunft als bedingungslosen Voraussetzungen menschlichen Zusammenlebens, wurde die Präsenz-Prämisse zunehmend zu einer Ausnahme in unseren Beziehungen mit den Gegenständen der Welt. In einigen speziellen Kontexten dominiert sie jedoch immer noch. Etwa, wie wir gesehen haben, bei der lateralen Beziehung zu anderen Körpern im Stadion und wohl auch bei unserer transitiven Konzentration auf die Körper des Spielfelds. Eben dies erklärt den Sonderstatus der Stadionereignisse als Ritualen von Präsenz innerhalb eines Alltags, der sich sonst vor allem durch Akte der Welt-Interpretation vollzieht.

Unter welchen Bedingungen aber und mit welchen Konsequenzen werden aus Präsenzbeziehungen nun jene Prozesse, die Stadionereignisse ausmachen und uns an sie binden? Meiner ersten Antwort auf diese Frage wird, wie schon gesagt, der zu einem Lieblingswort unserer Gegenwart (auch ihrer Sport-Sprache) gewordene Begriff der »Intensität« zugrunde liegen – und zwar im Anschluss an seine Ausarbeitung durch den französischen Philosophen Gilles Deleuze (die zu den erstaunlich wenigen Denk-Versuchen in dieser Richtung gehört). Deleuze setzt voraus, dass wir mit »Intensität« immer Bewegungen außerhalb unserer selbst meinen, Bewegungen, an deren Anfang immer einer Vielzahl von (einander ähnlichen oder miteinander identischen) Einheiten steht. Diese Einheiten sind zunächst einfach nur nebeneinander, ohne durch bestimmte Muster in einer spezifischen Beziehung verbunden zu sein. Deleuze nennt solche Versammlungen von Einheiten ohne spezifische Beziehung »Körper ohne Organe«, und ich sehe hier eine Affinität zu unserer Beschreibung des lateralen, nicht empathischen Verhältnisses zwischen den Körpern in einer Masse. »Körper ohne Organe« oder in einer Masse lateral gereihte Körper scheinen eine stärkere Resonanz auf Bewegungen zu zeigen, die durch sie gehen, als Körper mit organischer Struktur oder geformte Gruppen von Körpern.

Die »Intensität« genannten vertikalen Bewegungen außerhalb unserer selbst sind Bewegungen, zu denen wir uns verhalten können, ohne über sie zu verfügen, weniger spezifische »Gefühle« als Grade eines In-Anspruch-genommen-Seins. Grundsätzlich führen Bewegungen der Intensität vom erwähnten Ausgangspunkt eines »Körpers ohne Organe« als Status absoluter Offenheit im Verhältnis zwischen den Einheiten (Entropie, »jede Beziehung unter ihnen ist möglich«) zu denkbaren Endpunkten einer absolut festgelegten Bestimmtheit (Negentropie, »keine Möglichkeiten in den Beziehungen sind mehr offen«), die man mit Begriffen wie »Rausch«, »schwarzes Loch«, »Sucht«, »Orgasmus«, »Tod«, aber eben auch »Hochstimmung« vergegenwärtigen kann. All diese Begriffe verweisen auf Schluss-Situationen, die uns keine subjektive Wahl des Verhaltens und Handelns mehr lassen, was wir meist – negativ – als Abhängigkeit erleben, in einigen Fällen aber auch – positiv – als bedingungslose existentielle Erfüllung. Jedes Spiel, das wir verfolgen, läuft durch eine Strecke zwischen Entropie und Negentropie, zwischen einer schier unendlichen Offenheit all dessen, was sich ereignen kann, und einem Schlusspunkt, wo nichts mehr offen oder gar reversibel ist.

Doch wie genau gehen die Bewegungen und Prozesse der Spiel-Intensität auf eine Stadion-Masse von Zuschauern über, wie kommt es dazu, dass die Zuschauer von Intensität erfasst werden und sie verkörpern? Ich sehe mindestens drei – potentiell parallel verlaufende – Mechanismen. Erstens existiert unter der Nähe-Bedingung des Stadions und angesichts der Schwarm-Affinität einer großen Zahl von Körpern grundsätzlich jene Latenz der zurückgestauten Bewegung, in der immer ein Potential von Bewegungs-Steigerung und ein Risiko ihres Ausbruchs in Gewalt steckt. Man spürt den Drang zu einer Bewegung, die sich nicht voll artikulieren kann. Mit diesem nicht ausgespielten Potential einer Steigerung assoziiere ich etwa den permanenten Trommelrhythmus, wie er in vielen südamerikanischen Stadien das gesamte Spiel ganz unabhängig von seinem Verlauf begleitet – aber auch die (ja keineswegs unberechtigte) Angst, in einem Stadion zerquetscht zu werden. Zweitens kann auch die mittels Spiegel-Neuronen multiplizierte Wahrnehmung spezieller Bewegungen auf dem Spielfeld durch viele Zuschauer in transitiver Aufmerksamkeit (Uwe Seelers direkter Torschuss, die »Paraden«, wie man damals noch sagte, von Toni Turek in den Schlussminuten des Weltmeisterschaftsendspiels von 1954) zu Explosionen von Intensität führen – eben wenn sich im Anschluss an solche Wahrnehmungen selbst Zuschauer in den Armen liegen, die zuvor nicht miteinander gesprochen haben. Drittens und vor allem setzen dramatische Spiel-Verläufe Energien frei, dank derer lateral präsente Körper zur Hochstimmung in einem kollektiven Körper aufsteigen können.

Nie habe ich das, wie gesagt, deutlicher gespürt als bei dem großen Rugbyspiel des Jahrs 2000 in Sydney, wo beständig die Führung zwischen den beiden rivalisierenden Mannschaften wechselte, so dass am Ende möglicherweise die Fans beider Seiten in einem Status der Euphorie verblieben. Strukturell Ähnliches gilt für das von Italien gegen Deutschland in der Verlängerung gewonnene Halbfinalspiel der Fußballweltmeisterschaft 1970 in Mexiko, das manche Zuschauer meiner Generation in beiden beteiligten Ländern immer noch als das »größte Spiel aller Zeiten« ansehen. Es will mir zwar nicht gelingen, Regelmäßigkeiten zwischen bestimmten Formen des Spielverlaufs und den Zuständen von Hochstimmung bei den Fans zu entdecken, doch immerhin bezweifelt kaum jemand, dass eine solche Relation existiert.

Momente der Hochstimmung im Stadion entstehen jedenfalls einmal aus der erlebten Steigerung des je eigenen Energie-Potentials und zum anderen aus einer immer bedingungsloser werdenden Bewegungs-Synchronie mit anderen Körpern. Meinem individuellen Bewusstsein wird dabei eine körperliche Schicht der Existenz zugänglich, sozusagen ein Vibrieren des eigenen Körpers, nach dem ich mich später sehne, zu dem ich zurückwill. Einmal ausgelöst, wirkt diese Schicht weitgehend inhaltsfrei, sie bleibt nicht an die Erinnerung der sie auslösenden Bilder gebunden. Zwar kann mich die Erinnerung an jene eigenartige Geste Adi Preißlers zum ersten großen Stadionereignis meines Lebens im Februar 1958 zurückführen, doch hinter der Geste tut sich dann eher die Ahnung einer inhaltslosen physischen

Hochstimmung auf, die mich für immer zum Fan gemacht hat.

Sicher trägt aber zum Intensitäts-Prozess als Zusammenwachsen in der Masse neben der wachsenden Bewegungs-Synchronie auch die Wahrnehmung der anderen, der gegnerischen Masse bei (nicht allein die Wahrnehmung der »gegnerischen« Spieler). Die Wahrnehmung der gegnerischen Masse löst eine paradoxale Simultanität von Impulsen der Aggression und zugleich Impulsen des Rückzugs auf den eigenen kollektiven Körper aus, zwei Impulse, die beide den Eindruck von Homogenität in der eigenen Gruppe stärken. Dass der Antagonismus zwischen gegnerischen Fan-Massen überwunden und zu einer gemeinsamen Euphorie des gesamten Stadions, einer Euphorie aller Athleten und aller Zuschauer wird (wie damals in Sydney), bleibt die seltene Ausnahme. Ich selbst reagiere – auch nach großartigen Spielen – auf Enttäuschungen im End-Ergebnis meist mit Impulsen diffuser Aggression. Das mittlerweile kanonisierte Champions League-Endspiel von 2013 zwischen Borussia Dortmund und Bayern München sah ich vor dem Bildschirm einer Bar in Santiago de Chile. Als Arjen Robben in der neunundachtzigsten Minute das entscheidende Tor zu Münchens 2:1-Sieg schoss, fegte ich mit einer unaufhaltsamen Armbewegung alle noch vollen Gläser vom Tisch, zu denen ich gerade erst, nach Dortmunds Ausgleich, eine Gruppe von Freunden und Unbekannten eingeladen hatte. Wäre eine solche Reaktion auch bei der

Übertragung eines »Geisterspiels« denkbar gewesen? Noch fehlt die spezifische Erfahrung für eine nicht bloß spekulative Antwort. Wenn ich allerdings das Stadion nach einer Stanford-Niederlage im Big Game gegen Berkeley verlasse, soviel weiß ich aus wiederholter Erfahrung, dann muss ich – nicht ohne Mühe – provozierende Bemerkungen gegenüber Berkeley-Fans zurückhalten (alternativ mögliche Reaktionen der Beschämung werden vor diesem Hintergrund zu einer geradezu positiven Variante).

Einige Stunden nach Spielende und ohnehin am nächsten Morgen überwiegt meist eine mehr oder weniger epische Erinnerung an die Qualität des Spiels, an seine charismatischen Momente und an sein Drama. Für Traurigkeit ohne versöhnende Aura und ohne Aggression scheint nie die richtige Zeit zu sein. Doch der Gewalt-Impuls ist mir vertraut – und ich leugne ja keinesfalls das mit ihm verbundene Risiko (angesichts meines Alters vor allem ein Risiko für mich selbst). Was könnte und sollte ich tun, um diesen Impuls zu vermeiden, nicht nur zu unterdrücken? Mein Antwort-Versuch bringt einen letzten Aspekt des Intensitäts-Prozesses in den Blick.

Denn ich stimme wie gesagt Deleuzes Beobachtung zu, dass wir Intensität in der Gestalt von Prozessen außerhalb und unabhängig von uns selbst erleben. Dies bedeutet einerseits, dass man sich auf einen solchen Prozess einlassen muss (»auf ihn aufspringen, solange er noch offen ist«, scheint ein adäquates Bild zu sein), um zu einer Hochstimmung zu gelangen – auch wenn dies nicht immer gelingen will. Auf der anderen Seite des Intensitätsprozesses liegt die Möglichkeit (und Notwendigkeit) eines Abspringens, eines rechtzeitigen Abspringens, eines Abspringens »im letzten Moment«, bevor Frustration wie Aggression die Selbstbeobachtung und den individuellen Willen gelähmt haben. Doch solches Abspringen, solches Loslassen kann selbst dann erstaunlich schwerfallen, wenn sich die eigene Mannschaft immer unvermeidlicher einer Niederlage nähert. Man möchte Abstand nehmen, ist aber schon Teil einer anscheinend unumkehrbaren Dynamik geworden. Vielleicht liegt hier der Grund, warum langfristig die Existenz von Fans und Fan-Massen nicht ausschließlich vom Erfolg ihrer Mannschaften abhängig ist.

Vor allem im Baseball ist das spezielle Charisma populärer Mannschaften immer wieder an Jahre des Misserfolgs in entscheidenden Spielen gebunden gewesen, die dann als »Fluch«, als epische »Rache des Schicksals« für eine Entscheidung in der Vergangenheit interpretiert und verbrämt werden. Möglicherweise geht dies auf denselben Grund zurück wie die singuläre Statistikgläubigkeit der Baseball-Liebhaber – ihr Spiel ist auch von den größten Athleten und den besten Mannschaften nie wirklich zu kontrollieren, der Zufall bleibt immer ein sichtbarer Faktor im Entstehen von Siegen, Niederlagen und sogar Meisterschaften. Zu einem Teil der amerikanischen Geschichte und zugleich zu einem wirtschaftlichen Erfolgsgeheimnis (vielleicht sogar zu einem Baseball-»Geschäftsgeheimnis« im konkreten Sinn des Worts) wurden im Sinn eines solchen Fluchs jene sechsundachtzig Jahre ohne nationale Meisterschaft, welche die Boston Red Sox überstehen mussten, nachdem sie 1918 den unvergleichlichen Babe Ruth für $ 125.000 an die New York Yankees abgegeben hatten. Mit jenem Jahr ging die Führungsrolle im traditionellsten amerikanischen Sport von den Red Sox an die zuvor kaum erfolgreichen Yankees über. Doch seit ihrer nächsten nationalen Meisterschaft (»World Series«) im Jahr 2004 haben die Red Sox nicht unbedingt an Popularität gewonnen, eben weil mit dem »Fluch« auch die spezifische Tonalität ihrer Aura verloren ging.

Als absurder noch und auch konsequenter beeindruckt mich die Geschichte der 1935 gegründeten Hanshin Tigers aus der japanischen Baseball-Liga, deren stets auf Jahre im Voraus ausverkauftes Koshien-Stadion zwischen Osaka und Kobe liegt – und die möglicherweise die höchste absolute Zuschauerzahl pro Jahr unter allen Mannschaften des Berufssports haben. Seit 1985 ist den Tigers kein Sieg in der nationalen Meisterschaft mehr gelungen. Der hier wirksame »Fluch« soll auf die Siegesfeiern von 1985 zurückgehen, als Tigers-Fans, die wie bestimmte Spieler der Meistermannschaft aussahen, voller Euphorie und anscheinend vor großem Publikum in einen Kanal nahe beim Stadion sprangen. Da kein japanischer Fan dem bärtigen amerikanischen Star-Pitcher Randy Bass ähnelte, entschlossen sich die Fans, »stattdessen« eine lebensgroße Statue von Colonel Sanders, der Werbe-Figur für Kentucky Fried Chicken, in den Kanal zu werfen. Trotz ernsthafter und kostspieliger Bemühungen ist diese Statue bis heute nicht vollständig aus dem Wasser geborgen worden – und die Tigers warten weiter auf die nächste Meisterschaft.

Ganz andere Aspekte bringt im Blick auf das Entstehen einer an Massen gebundenen Hochstimmung der Begriff von »Rhythmus« in den Blick. Elias Canetti hat ihm ein Kapitel seines Buchs »Masse und Macht« gewidmet, das wohl zurecht davon ausgeht, dass sich der Rhythmus einer Masse vor allem im »Stampfen« der Füße realisiert. Als zentrales – und für ihn abschreckendes – Beispiel beschreibt Canetti dort den Haka-Kriegstanz aus der vorkolonialen Maori-Kultur von Neuseeland, offenbar ohne zu wissen, dass die neuseeländische Rugby-Nationalmannschaft vor jedem Spiel tatsächlich diese Choreographie der aggressiven Gesten und der zu Fratzen verzerrten Gesichter unter ekstatischer Begeisterung ihrer Fans aufführt. Doch weiter als bis zu der eher banalen Behauptung, »die Intensität der gemeinsamen Drohung macht den Haka aus«, gelangt Canetti kaum, was neben seiner Verachtung der Massen als universaler Vororientierung damit zu tun haben mag, dass er es versäumt, sich die Komplexität des Rhythmus-Begriffs zu erschließen. Genau diesen – für einen Moment sehr abstrakten –

Umweg der Begriffsentfaltung möchte ich gehen, weil er uns weitere Aspekte der Massen-Hochstimmung erschließen wird. Ich beginne mit dem Ansatz einer Definition.

Unter dem Begriff »Rhythmus« lässt sich jedes Phänomen fassen, das eine praktische Lösung der Frage ist, wie ein Zeitobjekt im eigentlichen Sinn eine Form haben kann. »Zeitobjekte im eigentlichen Sinn« sind alle Phänomene, die nur in ihrer zeitlichen Entfaltung existieren können: Sprachgebrauch, Musik und Wetter zum Beispiel, im Gegensatz zu Sprachstrukturen, Bildern und Landschaften. »Form« fasse ich als »Simultanität von Selbstreferenz und Fremdreferenz« auf (die Form eines Kreises zum Beispiel verweist simultan auf den Kreis selbst und auf den Rest der Welt außerhalb des Kreises). Das Problem der Kompatibilität von Form und Zeitobjekten im eigentlichen Sinn, das Problem, das Rhythmen lösen, entsteht aus der Tatsache, dass eine Form, die sich beständig verändert (etwa: vom Kreis über ein Quadrat zu einer Raute), nicht mehr als »Form« aufgefasst wird. Die Lösung des Problems liegt in einer stabilen Sequenz von aufeinander folgenden Formen, die immer wieder zur Ausgangsform zurückkehren (Kreis, Quadrat, Raute; Kreis, Quadrat, Raute etc.), sich immer neu wiederholen. Denn dann ersetzt die Stabilität der sich wiederholenden Sequenz von Formen – als Rhythmus – die Stabilität einer sich nicht verändernden Form.

Ohne die jeweiligen Zusammenhänge notwendig verstehen zu müssen, verbinden wir im Alltag Rhythmen vor allem mit drei Funktionen: mit der Koordination von Körperbewegungen, mit der Abrufbarkeit von Erinnerungen (»mnemotechnische« Funktion) und mit der Wirkung des Heraufbeschwörens, das heißt mit dem Eindruck, dass Gegenstände der Vorstellung unter dem Einfluss von Rhythmen substantiell präsent werden. Die erste, für Massen unter dem Impuls aufgestauter Bewegung natürlich wichtige Funktion der Körperkoordination lässt sich ausgehend von der Unterscheidung zweier Typen von Kopplung zwischen Systemen (oder Körpern) erklären. »Kopplungen zweiter Ordnung«, bei denen zum Beispiel Sprachen als Medium dienen, sind »produktiv«, das heißt aus diesem Typ der Kopplung gehen Zustände in den gekoppelten Systemen hervor, die ohne Kopplung nicht zustande kämen. Kopplungen erster Ordnung, Kopplungen mit Rhythmen als Medium, sind hingegen »nicht produktiv«, weil sie immer wieder dieselben Sequenzen von Zuständen durchlaufen, und im Bezug auf Menschen heißt dies, dass sich Kopplungen erster Ordnung unter vergleichsweise geringer Bewusstseinsspannung vollziehen. Deshalb kommen Körper unter dem Eindruck von Rhythmen in koordinierten Bewegungen zusammen und in der Form von Massen. Denn sie lassen sich aufgrund geringer Bewusstseinsspannung in gemeinsame Rhythmen fallen – wie es etwa die Existenz der Militärmusik belegt.

Für die Erklärung der Erinnerungsfunktion von Rhythmen benutze ich zwei Wörter aus dem antiken Griechischen, »Chronos« und »Kairos«. »Chronos« soll die laufende Zeit ohne Anfang und Ende sein, die wir mit Bewegungen schlechthin verbinden. Wenn wir Bewegungen jedoch als »rhythmisch« identifizieren, dann gehen wir davon aus, dass sie immer wieder an Punkten des Anfangs und des Endes ankommen, dass sie also Form in der Zeit haben. Rhythmus, Zeit als Form (ich nenne sie »Kairos«), können wir dann sagen, prägt sich, ja schneidet sich der offenen, laufenden Zeit (»Chronos«) ein. Innerhalb der sich als Form beständig wiederholenden Zeit aber werden alle Momente aus Vergangenheit und Gegenwart tendenziell gleichzeitig (weil sie nie beständig in der Vergangenheit bleiben). Und dies macht die Erfahrung plausibel, dass in rhythmischer Form aufbewahrtes Wissen aus der Vergangenheit nicht verloren geht, sondern über Rhythmus-Formen abrufbar bleibt.

Daran schließen zwei Konsequenzen für die Massen an. Einmal können Rhythmen den Massen ihre zeitliche Form geben: sie konstituieren sich dann (vor dem Spiel) über Rhythmen und lösen sich auf, wenn die Rhythmen nach dem Spiel aussetzen. In diesem Sinn müssen vor allem die Gesänge der Fans vor und nach dem Spiel wirken. Zugleich werden aber unter dem Einfluss von Rhythmen (etwa den Trommel-Rhythmen in südamerikanischen Stadien) Erinnerungen gegenwärtig, Erinnerungen, die heute von den Bildern auf den Videowänden verstärkt werden können – aber wohl schon immer durch Assoziationen mit der Stadionarchitektur ausgelöst wurden. Diese zweite Möglichkeit haben alte, historisch aufgeladene Stadien den neuen Stadien voraus, manchmal auf einer geradezu surrealistischen Ebene. Im Dortmunder Stadion »erinnere« ich mich bis heute an den dramatischen Champions League-Sieg vom April 2013 gegen Málaga CF mit zwei Toren in der Nachspielzeit, obwohl ich gar nicht dabei war. Doch die Fernsehbilder der entscheidenden Szenen waren aus einer mir vertrauten Perspektive aufgenommen, und auch die Beschreibung von Christian Kamp in der »Frankfurter Allgemeinen Zeitung« am nächsten Morgen konnte ich verkörpernd aufnehmen: »Wer die wahre emotionale Tiefe dieses Abends spüren wollte, der musste einen Blick in die nordöstliche Ecke des Dortmunder Stadions werfen, dort wo die Fans aus Málaga und Dortmund sich gegenseitig applaudierten, als sie im Begriff waren, das Stadion zu verlassen« (es war einer von jenen Momenten!). Während meiner La Bombonera-Nacht hatte ich ja sogar von Spielen geträumt, die es einzig in meiner von der Architektur aktivierten Vorstellung gab.

Wie lässt sich schließlich Vergegenwärtigung unter dem Einfluss von Rhythmen erklären, also der Eindruck, dass sie manchmal Gegenstände oder Körper aus unserer Vorstellung greifbar präsent machen können? Zur Antwort vollziehen wir einen letzten – produktiven – Umweg nach, den der amerikanische Philosoph George Herbert Mead vor beinahe hundert Jahren in einem Gedankenexperiment zum frühen Homo sapiens gegangen war, einem Homo sapiens, können wir ergänzen, den sich Mead als Menschen mit niedriger Bewusstseinsspannung im Alltag vorstellte. Was geschah, wenn dieser Homo sapiens ungewöhnliche Geräusche hörte? Solche Geräusche, schreibt Mead, müssen Bilder in seiner Vorstellung hervorgerufen haben: Bilder von Tieren, die stärker, und Bilder von Tieren, die schwächer waren als der entspannt hörende frühe Mensch. Solche Bilder ihrerseits führten direkt zu Innervation und Muskelbewegungen, zu Bewegungen der Flucht, wenn das andere Tier als stärker, und zu Bewegungen des Angriffs, wenn es als schwächer vorgestellt wurde. Der Homo sapiens reagierte jedenfalls ganz so, als ob das vorgestellte Tier real präsent wäre, anders gesagt: das ungewohnte Geräusch beschwor das andere Tier in seiner Vorstellung herauf. Zu genau dieser Präsenz und der an sie gebundenen unmittelbaren Reaktion wäre es nicht gekommen, wenn der frühe Mensch – wie wir Zeitgenossen des einundzwanzigsten Jahrhunderts in unserem Alltag – auf die Welt und ihre Geräusche mit höherer Bewusstseinsspannung reagiert hätte. Denn in höherer Bewusstseinsspannung filtern wir Vorstellungen mit Begriffen und unterbrechen so den vom »als ob« der realen Präsenz abhängigen Unmittelbarkeits-Eindruck einschließlich unserer körperlichen Reaktionen auf ihn.

Solche unter dem Einfluss von Rhythmen und unter niedriger Bewusstseinsspannung heraufbeschworene scheinbar reale Präsenz anderer Körper, stelle ich mir vor, entspricht dem, was die Sprache des Neuen Testaments »Verklärung« nennt, nämlich die paradoxale Einheit einer Präsenz, die zugleich entrückt und greifbar ist. Verklärt in diesem Sinn werden für uns die Gesten und Bewegungen der Athleten, die wir im Stadion mit transitiver Aufmerksamkeit aus der Masse heraus verfolgen. Ihre Körper und ihre Bewegungen sind uns einerseits entrückt, weil wir als Zuschauer nicht Teil ihres Wettkampfs sein können; doch zugleich sind sie im Erlebnis und unter dem Rhythmus der Masse für unsere auch körperliche Vorstellung »gleichsam« real und greifbar präsent, sie sind heraufbeschworen. Ein solch verklärter Körper wird aber kaum zum Träger moralischer Werte, wie so oft von pädagogisch-wohlmeinenden »Freunden des Sports« unterstellt wird. Vielmehr ist er ein Körper, der anders als in primärer Wahrnehmung – nämlich unter dem Vorzeichen und im Kontext gesteigerter Intensität – in unserer Vorstellung präsent wird. Jonah Lomu aus der neuseeländischen Rugby-Mannschaft, den ich in einem seiner größten Spiele zu sehen das Glück hatte, war und ist mir präsent, als ob ich mit und zugleich gegen ihn gespielt hätte. Dreidimensional präsent, wirklich, unaufhaltsam, lässig – und eben verklärt.

Von Verklärung in diesem Sinn, von einer Realität

aus der Kraft unserer eigenen Vorstellung, hat – mit anderen Worten – Friedrich Nietzsche in seinem Traktat von der »Geburt der Tragödie« geschrieben: der »dithyrambische Chor« bekomme »die Aufgabe, die Stimmung der Zuhörer bis zu dem Grade dionysisch anzuregen, dass sie, wenn der tragische Held auf der Bühne erscheint, nicht etwa den unförmlich maskirten [sic] Menschen sehen, sondern eine gleichsam aus ihrer eignen Verzückung geborene Visionsgestalt«. Das Dionysos-Theater unter der Akropolis in Athen als Ort der griechisch-antiken Tragödien und ihrer aus der »Verzückung« der Zuschauer »geborenen Visionsgestalten«, die Kirche als Ort der körperlich-realen und verklärten Präsenz Christi und das Stadion unserer Gegenwart waren und sind rituelle Orte, wo die dort versammelten Menschen zu kollektiv »mystischen Körpern« werden, deren besondere Intensität und deren Rhythmus andere Menschen als »verklärte Körper« heraufbeschwören können. Ein letztes Mal will ich betonen, dass der Sport, das Stadion und ihre Massen den Vergleich mit der Tragödie oder mit der Eucharistie nicht zum Zweck eines – ja durchaus peinlichen – kulturellen »Prestigegewinns« brauchen. Produktiv sind solche Vergleiche allein deshalb, weil sie eine hinreichend – und erstaunlich – komplexe Beschreibung des Sportereignisses als Massenerlebnis möglich machen.

Die Effekte der Verklärung, der Vergegenwärtigung von Vergangenheit, der Formung von Gegenwart und schließlich der Koordination individueller

Körper, wie sie unter dem Einfluss des Rhythmus entstehen, sind jedenfalls schon immer durchdrungen von Intensität als Potential einer anonymen Bewegung außerhalb unserer selbst, die uns zu Hochstimmung erheben – oder in Geschosse von Gewalt verwandeln kann. Als erhaben erleben wir solche Momente in der Masse des Stadions, als Momente jenseits allen Fassungsvermögens, erhaben nicht wegen ihrer Gegenstände der Aufmerksamkeit, sondern weil unsere Reaktionen auf sie alle Begriffe und Argumente hinter sich lassen.

Stadion als Massen-Ritual

Viel häufiger als noch vor einem halben Jahrhundert machen Massen-Ereignisse heute Stadien zu ihrem Rahmen. Seit den späten siebziger Jahren und dem Aufstieg von Freddie Mercury mit seiner Band »Queen« zu Weltruhm ist »Arena Rock« nicht nur eine Tatsache, sondern eine Gattung populärer Musik geworden. Der Song »We are the Champions« steht dafür. Am 23. Juni 2019 fand der Abschlussgottesdienst des Dortmunder Evangelischen Kirchentags in Deutschlands größtem Stadion statt (wenn auch die Zahl von 32.000 Teilnehmern als »enttäuschend« kommentiert wurde). Hingegen ist die für kurze Zeit erneuerte Hoffnung auf die politische Wirksamkeit und auf die Aura der spontan, unabhängig von einem bestimmten Ort auftretenden Massen in dem Maß wieder verblasst, wie wir die mitreißenden Szenen des arabischen Frühlings und der Maidan-Tage in Kiew im Archiv unserer historischen Erinnerungen abgelegt haben.

Trotz dieser Konfiguration von Tendenzen mag meine Bemerkung missverständlich gewirkt haben, dass die »Massen gerade im Stadion zu ihrem Punkt« kommen. Denn im Ernst zu unterstellen, dass es für irgendwelche Phänomene so etwas wie »vollkommene« oder »einzig richtige« Versionen geben könne, wäre ein pseudo-platonischer und mithin pseudo-philosophischer Gedanke der schlimmeren Art. Ich sollte also umformulieren. Auf »Massen« im Raum von Stadien und als Zuschauer von Sportereignissen zu blicken, hat uns zunächst zwei traditionelle Formen ihrer Analyse zu vermeiden geholfen, die mittlerweile ausgespielt haben sollten: nämlich die traditionelle »Verachtung« der Massen und ihre ebenso wenig überzeugende »Heroisierung« als Agenten der Geschichte. Beide Ansätze brachten Massen verbunden mit dem Subjekt-Begriff in den Blick: positiv als heldenhaftes Kollektiv-Subjekt von übergeordnetem Status oder negativ als eine Umwelt, welche angeblich die Intelligenz individueller Subjekte reduziert.

Auf der anderen Seite und vor allem hat dann die (für mich mit Sympathie verbundene) Stadion-Perspektive eine bisher kaum diskutierte, doppelte Komplexität des Phänomens »Masse« zum Vorschein gebracht. Nämlich einmal die Ambivalenz zwischen der bekannten Gewalt-Neigung der Massen und der sonst meist peinlich verschwiegenen Möglichkeit, sich als Teil der Masse in eine anders nicht zugängliche Intensität, in eine Hochstimmung versetzt zu fühlen. Daneben die begrifflich, wie wir gesehen haben, nur schwer aufzuhellenden

Voraussetzungen und Schichten dieser Hochstimmung. Wir können deshalb – umformulierend – sagen, dass Massen im Stadion zwar nicht zu ihrer Erfüllung kommen, doch durch den Kontext des Stadions vor allem zu einem intellektuell lohnenden Gegenstand werden.

Allerdings möchte ich die Theorie-fundierte Analyse der Massen nicht um eine dritte Runde weiterführen (schon allein deshalb nicht, weil solche Prozesse begrifflicher Entfaltung ja nie zu einem »notwendigen« Ende kommen). Eher soll es in den beiden Schlusskapiteln darum gehen, das Massen-Erleben des Sports im Stadion noch einmal, vor allem direkt und unter zwei konkreten Perspektiven zu beschreiben. Beide Perspektiven werden Massen als Präsenz-Phänomen zeigen – also gerade nicht, wie ich unter dem Stichwort »Präsenz« erklärt habe, in einer Interpretation ihrer Funktionen oder Handlungen als Akten der Weltveränderung. An die Stelle von in der Zeit bewirkten Funktionen und Handlungen treten unter Präsenz-Perspektive vor allem Rituale, das heißt Formen der Selbstentfaltung von Phänomenen im Raum (und ich beziehe mich auf Rituale in der weiten Bedeutung heutiger Gegenwartssprache, nicht auf bis ins Detail festgeschriebene »religiöse Rituale«). Solche »Rituale« sind Choreographien, entlang derer wir uns immer wieder bewegen können, ohne die Welt durch sie zu verändern. Vor dem Hintergrund unserer beiden Theorie-Kapitel die Massen-Ereignisse im Stadion als Rituale zu vergegenwärtigen, soll die Möglichkeit eröffnen, sie in ihren Formen wiederholten Erlebens, aber doch auch mit anderen, produktiv verfremdenden Begriffen zu erfahren und einzuschätzen.

Die besondere Choreographie des Stadion-Rituals setzt gewöhnlich in einiger Entfernung vom Stadion ein. Zuhause, bei der Arbeit, auf dem U-Bahnhof fühlen wir uns am Spieltag vom Stadion angezogen, auch hier: durchaus körperlich angezogen. An Herbst-Samstagen mit einem Heimspiel im College Football kommt es nie wirklich vor, dass ich mit meiner Arbeit in Green Library erst zur morgens geplanten Zeit aufhöre. Ich kann mich sowieso nicht mehr konzentrieren, und für den Weg brauche ich dann viel weniger Zeit als die sonst übliche Viertelstunde vom Bibliotheksbüro, vorbei an Encina Hall zum Stadion (meine Frau sagt, sie will nicht mehr mit mir »rennen«, wir treffen uns also bei den angestammten Sitzplätzen, elfte Reihe, auf Höhe der Forty Yard Line). In Dortmund führt ein unübersehbar grell markierter »gelber Weg« vom nördlich-grauen Bahnhof zum Stadion im beinahe grünen Süden der Stadt, ein Korridor eigentlich, für manche eine Rennbahn – und für niemand ein Spazierweg, auf dem man sich unterhält. Wer hatte eigentlich die Idee, dass Fans auf diesem Weg vom Bahnhof ins Stadion Zeit für das schöne Deutsche Fußballmuseum an seinem Anfang haben könnten? Stadien sind die konkurrenzlos-mächtigen Magneten des Spieltags, Lebens-Zentrum der Fans, ohne Alternative oder Ablenkung.

Der Puls geht immer heftiger auf dem Weg, je roter in Stanford oder gelber in Dortmund die Welt um mich wird. Schon Kilometer vor den Stadien leiten in Istanbul Polizeiposten vor den Derbys zwischen Fenerbahçe, Galatasaray oder Beşiktaş, den drei großen Clubs, die jeweiligen Fans auf getrennte Strecken und Parkplätze, weil es sonst zu Gewalt-Explosionen käme. Wenn der BVB nicht sein Derby gegen Schalke spielt, trinke ich in Dortmund auf dem Weg zum Spiel noch mein einziges (gelbes!) Bier pro Jahr, eilig, weil ich früh ankommen muss im fast noch leeren Stadion, das sich bald immer schneller, für mich immer zu schnell und zu langsam, füllt – und dabei zu dem anderen Raum, der anderen wirklichen Welt wird, wo ich den Alltag »in konzentrierter Intensität verliere«. Solche Distanz vom Alltag etabliert sich schrittweise: die Mannschaften kommen zum Aufwärmen, verschwinden in die Kabinen, kehren als gemeinsame Parade aufs Feld zurück. Acht Minuten vor Anpfiff haben die Lautsprecher in Dortmund »You'll Never Walk Alone« gespielt, die vor vielen Jahren von der Anfield Road in Liverpool importierte Stadionhymne. Die Süd singt mit und ist dann nah am Spiel, nicht im Spiel, das entrückt bleibt, aber so nah doch, wie man überhaupt einer Welt kommen kann, ohne Teil von ihr zu werden.

Auch in den geschlossenen Stadien, wo der Abdruck der architektonischen Formen noch deutlicher zu spüren ist, bleiben das Hockey-Eis oder das Basketball-Parkett entrückt, durch eine Plexiglasblende oder eben unsichtbar entrückt – und zugleich in unheimlicher Nähe für die Fans. Beim Baseball dürfen manchmal ein paar von ihnen ebenerdig auf dem Rasen sitzen, fast im Spiel und immer noch entrückt. Aus der überall besonderen Nähe wollen wir dann nichts mehr als Spielzüge sehen, Formen, die aus verklärten Körpern gegen den Widerstand anderer Körper aufsteigen und auch gegen alle Wahrscheinlichkeit, um schon im Aufsteigen wieder zu vergehen. Formen als Ereignis, Formen, die wir spüren, ohne sie zu verkörpern.

Mit Anfang des Spiels ist das Stadion von zweimal zwei Spannungen aufgeladen: unsere Mannschaft – und die andere Mannschaft; wir – und die andere Masse (wir und unsere Mannschaft, die andere Masse und ihre Mannschaft). Wie sich das Spiel ereignet, werden wir und die anderen Fans zu mystischen Körpern, beide abhängig von ihren Mannschaften, aber nicht identisch mit ihnen, während die Schiedsrichter für beide Seiten immer zum anderen mystischen Körper gehören, weil sie ja nichts als ein potentielles Hindernis für die Emergenz der eigenen Spielzüge sind. Die elementare Stadion-Substanz spaltet sich in zwei Zonen und ihre Energien, etwas Drittes gibt es nicht. Zwei Substanzen und zwei Energien, die sich gegeneinander formen und aufladen, ohne Übergang. Diese absolute

Trennung bringen vor allem die großen Derbys zu einer Ekstase, die nur im Stadion entstehen kann, weil das Stadion die Spannungen der Städte mit ihren ganzen Geschichten vergegenwärtigt, verdichtet, verhärtet.

Adriano Celentano, ein lebenslanger Fan (»tifoso«) von Inter Mailand und also ein Gegner von Milan, der anderen Mannschaft seiner Stadt (und dem Viertelfinalgegner von Borussia Dortmund im Februar 1958), hat die Derby-Spannung mit einem der besten Fußball-Schlager aller Zeiten besungen, »Eravamo in Centomila« von 1965. Schon der scheinbar einfache Titel ist interessant, weil die Präposition »in« (vor »Centomila«) den Sprecher und die Angesprochene (eigentlich: die »Angebetete«) des Textes, weil diese Präposition die beiden, »Ihn« und »Sie« – gleichsam von innen – zu Körpern in einer Masse aus hunderttausend Zuschauern macht. Dies alles im Mailänder Stadion, das damals noch nach seinem Stadtviertel »San Siro« hieß (das renovierte »San Siro« trägt den Namen von Giuseppe Meazza, dem charismatischen Stürmer der italienischen Weltmeistermannschaften von 1934 und 1938). Tatsächlich lässt sich jener Titel mit den Wörtern »Wir waren ›unter‹ Hunderttausend« (oder: »zu Hunderttausend«) kaum richtig übersetzen, weil sie ja die beiden Protagonisten nicht »innen« sein lassen. »Sie« ist Milan-Fan, »Er« ist Inter-Fan. Er hat Sie beim Derby »unter hunderttausend« Zuschauern gesehen, »vom einen Ende des Stadions zum anderen« (die Wörter können auch

»von einem Tor zum anderen« bedeuten): »ich habe Ihnen zugelächelt / und Sie sagten Ja«. Bleibt Ihm, darauf zu hoffen, Sie nach dem Spielende wieder zu sehen – doch Sie »verschwindet mit einem Typen in der Straßenbahn«. Auch im Alltag also kein Übergang zwischen den mystischen Körpern des Derbys und denen, die sie ausmachen.

»Wenn ich mich nicht irre, dann haben wir zusammen Inter Milan gesehen«, so hatte Er am Anfang gesagt. »Zusammen«, doch nach den ersten schnellen Gesprächsfetzen (»Entschuldigen Sie!« »Was ist?« »Wohin gehen Sie?« »Warum?«) kommt keine Antwort mehr von Ihr, der »bella mora«, »der Schönen mit den dunklen Haaren«, der Milan-Anhängerin, die Er so höflich siezt. Dabei wäre es um »ein Spiel zwischen uns beiden« gegangen, singt er: »Sie haben ein Tor (»un gol«) geschossen / direkt ins Tor (»la porta«) meines Herzens / und ich habe verstanden, dass es nur Sie für mich gibt«. Keine Antwort. »Io dell'In (Inter!) / Lei del Mi (Milan!)«, so endet das Lied von der tragischen Derby-Liebe, die sich nicht erfüllen kann: »Io dell'In / Lei del Mi – o bella mora.«

Die mittleren Sechziger sind mit drei italienischen und zwei europäischen Meisterschaften die Jahre des »Grande Inter« in Schwarz-Blau gewesen, dem Inter von Sandro Mazzola, aus Bewunderung für den ich einen seither nie mehr verschwundenen Schnurrbart wachsen ließ, als ich 1972, während einer seiner letzten Spielzeiten, für einige Monate in der Nähe von Mailand arbeitete. Auch sein Rivale Gianni Rivera schlug damals noch für das rot-schwarze Milan Pässe von einer lässigen Eleganz, die in alle Schwiegermutter-Herzen getroffen haben müssen. Doch nur Inters in Argentinien geborener und im französischen Fußball aufgewachsener Trainer Helenio Herrera erfand um Sandro Mazzola, mit Abwehrspielern wie Tarcisio Burgnich und Giacinto Facchetti, mit den Außenstürmern Mario Corso (links) und Jair aus Brasilien (rechts), die ganz andere, bis heute gebliebene, hyper-rationale Eleganz des Catenaccio, jene perfekte Abwehrstrategie, der ein einzig-genialer Gegenangriff zum 1:0-Sieg zu reichen hatte – und immer wieder reichte. »C'è sole!« rief im strömenden Regen mich umarmend ein Tifoso von Inter, als, nach einer Ballstafette von Facchetti auf links zu Mazzola und von da nach rechts auf Jair, Mario Corso mit Links den einen Siegtreffer gegen AS Roma ins Tor geschoben hatte.

Einen intellektuellen Stil auf dem Spielfeld zu verkörpern, ist dem Fußball als Chance und Erbe aus der Rivalität von Inter und Milan geblieben, so wie auch kein anderes Derby eine Hymne mit soviel traurigem Wirklichkeits-Timbre hervorgebracht hat. Denn die nicht überbrückbare Trennung aus »Eravamo in Centomila« ist die Intensitätsbedingung der beiden Blöcke, der beiden mystischen Körper, der beiden Massen im Stadion. Eine freundliche Alternative gibt es nicht. Wer hat denn je einen großen Moment der Spannung erlebt, in dem aus »La Ola«, jener weichspülenden Welle, die durch alle Zuschauer rollen soll, die beiden Blöcke eines Stadions zu einer Einheit in Zuwendung geworden wären? Nichts als ein Symptom der Langeweile – für die Halbzeit, bei Spielen, die entschieden sind oder keine dramatische Bedeutung mehr haben – nichts als Langeweile ist die vielgelobte »Ola«, wenn sie über die beiden Blöcke eines Stadions in kreisend-kollektiver Bewegung gleitet. »La ola« gehört nicht zur Choreographie des Stadions, während jene ganz anderen, seltenen, ereignishaften Momente einer Euphorie, die wirklich alle Zuschauer erfasst (wie am Ende des großen Rugby-Spiels in Sydney), in ihrer Explosivität gar keine Choreographie, gar keine feste Form haben können.

Doch wenn es auch ohne die eine, immer selbe Struktur von Spaltung, Antagonismus und potentiellen Aggressionen wohl in keinem Spiel echte Stadion-Erlebnisse geben kann (deshalb will niemand Freundschafts-Spiele anschauen), unterscheiden sich durchaus in den verschiedenen Sportarten die jeweiligen Modalitäten transitiv-verklärender Aufmerksamkeit auf die Spieler und ihre Spielzüge. Nirgends sind Rivalitäten verbissener und tiefer aus langen Vergangenheiten aufgeladen als im Baseball. Ich hänge an den San Francisco Giants und musste also lernen, aktiv zu vergessen, dass manche von meinen Kollegen und sogar Freunden mit den Los Angeles Dodgers fiebern. Die zentrale Szene im Baseball ist weniger die Emergenz einer Form aus mehreren Spieler-Körpern als die jeweilige Konfrontation von zwei individuellen Spielern, nämlich die Konfrontation zwischen einerseits dem Pitcher auf seinem flachen Hügel (»mount«), der den harten weißen Baseball zum knieenden Catcher wirft, und andererseits dem Gegner (»at bat«) zwischen Pitcher und Catcher, der mit seinem Schläger die vom Pitcher zum Catcher an ihm vorbei geworfenen Bälle treffen und außer Reichweite bringen soll. Diese Konfrontation hat für ihre Fans die psychische Spannung von zwei Schachspielern und die potentiell vernichtende körperliche Energie von zwei Boxern. Alles hängt für beide Mannschaften und für die Aufmerksamkeit der Zuschauer von den nie aussetzenden Konfrontationen ab, doch kein jeweils anderer Spieler kann in sie eingreifen, solange sie sich als Sequenz ereignen.

Weil es beim Basketball angesichts der besonders hohen Korb-Trefferquote eher selten zu für Sieg oder Niederlage »entscheidenden« Würfen oder Körben kommt, stellen sich Basketball-Fans – vor allem in den Profi-Ligen, College-Basketball hat eine andere Dynamik – eher auf die Fluidität der Mannschafts-Spielzüge und auf den artistischen Mehr-Wert einzelner Würfe ein als auf Spannung oder Rivalität. Auch ein »slam dunk« zählt nur zwei Punkte, doch er produziert ein Gefühl unwiderstehlicher Dominanz, so wie ein Distanz-Wurf von Steph Curry, der trifft, ohne das Gestänge zu berühren, eine Gegenwart aus Vollkommenheit schafft. Ich kann die Beschleunigung des massiven Eishockeystürmers spüren, seinen erwarteten und doch plötzlichen Schmerz beim Aufprall auf einen anderen Körper – und die schwerelose Verbindung mit dem am Ende des Schlägers gleitenden Puck. Die von Fussball-Freunden als unerträglich lang erlebte Zeit zwischen den Spielzügen (»downs«) im American Football ist immer zu kurz für die komplizierten Gedankenspiele (und in diesem Fall auch: für die kompakten Spezialisten-Gespräche), welche die Strategien beider Mannschaften für den nächsten Spielzug vorwegnehmen wollen – bis dann immer ganz andere offensive Gedanken in harten Bewegungen verklärt und wirklich werden, um die Körper der Defensive auszuspielen (oder an ihr zu scheitern).

Und trotz aller in den letzten Jahren angeschwollenen Diskussionen über seine »Systeme« und ihre Erfolgswahrscheinlichkeiten ist der Fußball eine Mannschaftssportart der kollektiven Improvisation geblieben. Wie beim Eishockey und anders als bei den Spielen, welche den Ball mit der Hand sichern, ist Ballbesitz im Fußball immer prekär und umstritten, was den je nächsten Moment des Spiels nur sehr vage voraussehbar macht. Mehr als von ausgefeilten Strategien oder dramatischen Konfrontationen lebt der Fußball deshalb von Intuitionen, von kurzen Hoffnungen, Enttäuschungen und Reaktionen, auf die sich Mannschaften wie Schwärme einstellen müssen, ohne ihren wechselseitigen Antagonismus zu vergessen.

Jeder Mannschaftssport hat seine eigene Tonalität und seinen eigenen Rhythmus, die ich als Fan erlebe, an die ich beinahe verkörpernd mich anpasse und die je verschiedene Formen von Kohärenz unter den kollektiven Fan-Körpern abrufen. Fühlen sich Baseball-Fans in der Hand des Schicksals? Beschwören Basketball-Zuschauer Ekstasen von Perfektion herauf? Lebt im American Football ein Geist militärischen Denkens und im Fußball ein Existentialismus von Gemeinschaften? Ich führe solche Fragen und die Beschreibung solcher Kontraste nun nicht mehr weiter, weil sie sich in geistreicher Beliebigkeit totzulaufen drohen. Gewiss gehört zum Ritual der Stadien eine Plastizität in den verschiedenen Formen und Stimmungen der verschiedenen Spiele, die besondere Resonanzen in den je verschiedenen Zuschauer-Körpern finden, ohne ihnen »entsprechen« zu müssen (zum Beispiel müssen die physisch aggressivsten Spiele nicht die aggressivsten Fans haben). Sie alle, Baseball in Osaka, Basketball in San Francisco, College Football in Alabama, Eishockey in Montréal oder Fußball in Dortmund füllen ihre Stadien mit ganz verschiedenen Substanzen der Masse, die uns aus Erlebnis-Momenten vertraut sein können, ohne dass wir Begriffe für sie haben.

Vor allem die jeweiligen Abläufe, die Dramen der einzelnen Spiele lösen dann jene Intensitäts-Bewegungen aus, von denen wir Zuschauer uns mitnehmen lassen, Bewegungen von Offenheit hin zu Unumkehrbarkeit, Bewegungen geladen von der

Energie nicht voll entfalteter physischer Energie und zusammengesetzt aus verklärten Bildern der Wahrnehmung. Nichts wirkt nebensächlich oder gar entspannt im Stadion, seine Ereignisse sind von ekstatischem Ernst. Und deshalb kann am Ende des Spiels die Euphorie des einen mystischen Körpers nicht höher und die Niedergeschlagenheit des anderen nicht tiefer sein, als sie ist. »Zufriedenheit« über den Sieg oder »Traurigkeit« über die Niederlage wären zu verhalten.

Dies ist der Moment, wo – zumal in Dortmund – die Heimmannschaft immer (selbst nach enttäuschenden Spielen und Niederlagen) zur Süd kommt, um sich zu »verabschieden«. Anders als während des Spiels sind nun auch die Körper der Spieler untereinander in gemeinsamen Bewegungen synchronisiert – und lösen eine Synchronisierung dieser Bewegung mit dem mystischen Körper der Fans und dessen Bewegungen aus. Die dann mit dem Fan-Block synchronisierten Spieler sind den Fans nicht mehr entrückt, man kann diesen Abschied als wechselseitige Entlassung aus der Verklärung auffassen, als Rückkehr in die Welt des Alltags, die man für ein paar Stunden verlassen wollte und verlassen hatte, als Rückkehr zu einem anderen Ernst, der eher flach und nicht mehr ekstatisch ist.

Massen-Rituale des Stadions setzen voraus, dass im Fokus der Aufmerksamkeit ein Mannschaftsspiel steht, weil wir Zuschauer-Sport heute ganz selbstverständlich – kulturell wie wirtschaftlich – mit der Faszination von Mannschaften verbinden. Historisch gesehen aber hat sich, wie schon gesagt, der Aufstieg von Mannschaftssportarten zu ihrer heutigen Popularität, die an Ausschließlichkeit grenzt, erst von der Mitte des neunzehnten bis zur Mitte des zwanzigsten Jahrhunderts vollzogen. Das antike Griechenland kannte keine Mannschaftsspiele – und die Zusammenarbeit unter den Wagenlenkern der jeweiligen »Factiones« ähnelte mehr dem Etappenradsport oder der Formel 1 als Fußball, Basketball oder Rugby. Zugleich wissen wir, dass die wenigen heute verbleibenden Leichtathletik-Events im großen Stil und vor vollen Tribünen keine Massen-Intensität mit der entsprechenden Atmosphäre hervorbringen. Vielleicht kommen in ihnen individuelle Geschichten zum Ende, die sich außerhalb der Stadien ereignet haben. Leichtathletik-Zuschauer sind eher Spezialisten oder ehemalige Athleten als Fans. Zum historisch so späten Einsetzen des Mannschaftssports als mittlerweile konkurrenzlos dominierender Form gibt es kaum Erklärungsansätze. Soll man vermuten, dass die fortschreitende Entwicklung von Individualität zur Normalform des Lebens in den westlichen Gesellschaften der Mannschaft als Kollektiv eine sich progressiv verstärkende Gegen-Aura gegeben hat? Wer Tag für Tag allein vor einem Bildschirm lebt, erwärmt sich am Erleben von Gemeinschaften und ihren Spannungen? In ihrer Grundvoraussetzung konvergiert diese Spekulation mit unserer Erklärung für die vollen Stadien –

attraktiv wird an der Peripherie des Alltags, was aus der Mitte des Alltags verschwindet.

Jedenfalls ist aus mehreren Gründen plausibel, die Möglichkeit von Zuschauermassen, wie wir sie kennen, an die Emergenz von Mannschaftsspielen zu binden. Zum einen, weil sich Mannschaftsspiele, anders als die meisten Individualsportarten, als Wettbewerbe zwischen nur zwei Seiten ereignen. Das heißt, es gibt immer nur eine andere Mannschaft und ihre Anhänger, gegen die – allein und als »Gegner« – man sich als Masse konstituiert. Bei Individualsportarten sieht die Situation diffuser aus (Läufer, Schwimmer oder Turnerinnen haben mehrere Gegner). Wahrscheinlich trägt zweitens aber auch eine Konzentration auf die je »eigenen« Mannschaften als Gruppen und die Verklärung ihrer Bewegungen stärker zur Bildung auch der Fans in Gruppen bei, die zu Massen werden können, als die Konzentration auf individuelle Athleten. Vor allem deshalb, weil die Wahrnehmung einer Gruppe gewöhnlich den Impuls auslöst, sich mit ihr zu assoziieren, sich ihr anzuschließen – und sie so durch Selbst-Einschluss zu vergrößern.

Nach dem Ende des Spiels und dem Abschied von der Mannschaft (also dem Entlassen aus Verklärung) sind wir erschöpft. Denn vieldimensionale Intensität ist dann das Fan-Äquivalent zur körperlichen Teilnahme der Athleten am Spiel gewesen. Widerstand oder auch nur Melancholie, das Stadion zu verlassen, spüren wir kaum mehr. Wir kennen das

Datum des nächsten Spiels, so ist das bei Ritualen. Wir gehen langsam, fast müde, wollen noch eine halbe Zigarette außerhalb des Stadions, eher kein Bier mehr, viel Stimmung flackert auch in den Kneipen nicht mehr auf. Sowieso ist der Abend nach dem Stadionereignis kein Abend für anspruchsvolles Essen oder brillante Konversation. Nicht einmal über das Spiel wollen wir reden. Die Batterien sind leer, angenehm leer – Leere statt »Entspannung«. Fans haben nämlich immer alle Konzentration, Nähe, Energie gegeben, die sie haben.

Was müssten wir verlieren, wenn es keine vollen Stadien mehr gäbe? Es geht um uns, die Fans, nicht um »die Gesellschaft«. Ein physisches Hochgefühl ohne Inhalt, das uns ins Stadion zieht und das sich anders nicht einstellt, verlören wir. Sozusagen »im Austausch« würden wir das Risiko von Gewalt mit all seinen Konsequenzen los. Sonst gibt es keinen Bildungswert und schon überhaupt keine moralische Besserung, die man sich davon erwarten kann, Teil einer Masse zu sein. Doch ohne sie, ihre laterale Präsenz und ohne die verklärende Kraft der Massen-Blicke veränderte sich vielleicht auch die Form, die Ästhetik der Spiele, an denen wir hängen. Nicht weil die Massen ihre Mannschaften wirklich »unterstützen«, wie Sportler gerne und so freundlich behaupten – sondern weil sie, weil die Mannschaften und ihre Stars für die Massen spielen, mehr noch als für ihre Trainer und für ihre Bankkonten, mehr als sie wissen vielleicht.

»You'll Never Walk Alone« (Dortmund, 13. März 2016)

Es gibt keine Belege, keine Argumente und wohl auch keine Therapie gegen die Gewalt-Affinität der Massen, vor allem der Massen im Stadion. Ihr Wille zur Spaltung in antagonistische Blöcke wie ihre Aggression gegen die je anderen Fans sind wirklich, die Stimmungslage der Massen im Stadion muss man (je nach sprachlicher Geschmackslage) als »rauh«, »erschöpfend« oder sogar »tragisch« beschreiben – und Ultras eignen sich für Missionen als Friedensbotschafter so wenig wie für geduldig vernunftgeleitete Verhandlungen mit den Fußballverbänden. Wer trotzdem Sympathie für sie äußert, zugegeben eine vage Sympathie (denn was weiß ich schon von den Ultras?), macht sich der Gewalt-Banalisierung oder, fürs intellektuelle Ansehen vielleicht noch schlimmer, eines pseudo-linken – oder gar eines rechten? – Romantizismus verdächtig. Und doch entspricht es einer Wahrheit, die anscheinend nicht nur meine individuelle Wahrheit ist, dass Stadionereignisse nahe bei einer solchen Masse oder tatsächlich in der Masse zum Besten gehören, was mir das Leben gegeben hat. Ich hoffe, es ist in diesem kurzen Buch gelungen zu zeigen, einigermaßen nachvollziehbar zu zeigen, warum dies der Fall ist für mich – und was ich meine, wenn ich von der besonderen »Hochstimmung« im Stadion spreche.

Daraus kann und soll aber nicht so etwas wie eine Apologie oder gar ein Erziehungs-Programm zur Verbesserung von Stadionereignissen werden. Das Erlebnis, um das es mir geht, schreibe ich jetzt ein letztes Mal, ist ohne Massen, ohne Ultras, ohne Gewaltrisiko kaum zu haben. Eine wichtige, vielleicht die wichtigste Frage für die Zukunft der Stadionereignisse bezieht sich deshalb auf die Minimierung des Risikos, in Dortmund vor allem sehr konkret auf die Minimierung des Risikos bei Spielen gegen Leipzig, Hoffenheim und auch Frankfurt – doch ihre Beantwortung liegt ganz und gar außerhalb meiner Kompetenz. Ich kann nur wiederholen, dass mir an Stadien mit der Stimmung von Kammerkonzerten, Oberseminaren oder runden Oldie-Geburtstagen nicht gelegen ist. Weil ich jedoch echte Argumente für einen sozialen oder gar politischen »Mehrwert« der Stadionmassen nicht habe, um meine Präferenz zu erklären, will ich mit einem Ereignis aus der jüngeren Vergangenheit und zum Abschluss des Buchs illustrieren, was das andere, das »positive Potential der Massen« sein könnte. Oder eben, noch einmal, was uns verloren ginge, wenn sich »Geisterspiele« oder kollektive Kammerkonzertregelungen als Normalsituation in den Stadien etablierten.

Mein Beispiel-Fall führt zum 13. März 2016, einem Sonntag, und natürlich ins Dortmunder Stadion, offiziell den »Signal Iduna Park« oder, etwas weniger korporativ, das »Westfalenstadion«. Sportlich gesehen war dies ein leider typischer Moment fürs vergangene Jahrzehnt in der deutschen Bundesliga, obwohl der BVB jene Saison als »bester Zweiter aller Zeiten« abschließen sollte. Doch wie fast immer bei Frühlingsbeginn war die Meisterschaft schon zugunsten von Bayern München vor-entschieden, weshalb es Borussias übliche, lösbare, aber kaum mit besonderen Ruhm-Versprechen geschmückte Aufgabe war, als Verfolger im Heimspiel gegen Mainz 05 den am Vortag auf acht Punkte angewachsenen Vorsprung des Spitzenreiters auf etwas weniger entmutigende fünf Punkte zu verkürzen. Dies gelang vor den wie immer ausverkauften Tribünen und mit dem typischen Problem solcher Heimspiele, möglichst bald einen die Zuschauer und vor allem die Mannschaft selbst mitreißenden Rhythmus zu finden. Immerhin stand es zur Halbzeit – auch wie meistens – 1:0 durch ein Tor von Marco Reus.

Daraus machte Shinji Kagawa in der dreiundsiebzigsten Minute den 2:0-Endstand, was – selbstredend – nicht langfristig weiterhalf. Doch um die Mitte der zweiten Halbzeit in diesem scheinbar normalen Spiel wirkten Tore und auch das Ergebnis schon nebensächlich. Denn seit die Mannschaften nach der Pause wieder auf den Platz gekommen waren, hatte sich die Süd nicht mehr gerührt: keine

Gesänge, keine Anfeuerungen, kein Schwingen der schwarzgelben Fahnen und Schals, nicht einmal Proteste oder Pfiffe gegen den Schiedsrichter. Man muss bei einem Spiel im Dortmunder Stadion gewesen sein, um sich vorstellen zu können, wieviel plötzlich fehlte, und die Videoaufzeichnungen lassen die Verunsicherung bei Spielern und Trainern vor allem der Heimmannschaft ahnen. Wenige Minuten vor dem Abpfiff, so als sei das Spiel nun ganz und gar unwichtig geworden, sang die Süd, nun ohne Lautsprecherbegleitung, ihre Stadionhymne »You'll Never Walk Alone«, die sonst allein zum Ritual vor dem Spiel gehört. Und das geschah noch einmal, als die Spieler sich verabschiedeten (wie immer), um dann (wie nur an jenem Tag), zusammen mit den Mainzer Zuschauern, in die Hymne einzustimmen.

Für Fußball-Dortmund ist der 13. März 2016 in die kollektive Erinnerung eingegangen, was es leicht machte, einen Fan zu finden, der an jenem Nachmittag in der Süd stand und bereit war, mit Stolz und Genauigkeit zu berichten, was damals geschehen war. Jan-Henrik Gruszecki, Mitte Dreißig, gehört zu den Dortmunder Ultras, es liegt ihm daran, dies zu betonen, aber er steht auch mit dem Management des BVB und mit dem langjährigen Hauptsponsor, dem Spezialchemie-Unternehmen Evonik im Kontakt, wohl um zwischen den Interessen des Vereins und der Energie der Süd zu vermitteln (aber danach habe ich ihn gar nicht gefragt). Während der Pause des Spiels, sagt Jan-Henrik, sah er Sanitäter auf der

Südwestseite der Tribüne »hin- und herrennen«. Sie waren zur Reanimierung eines achtzigjährigen Zuschauers gekommen, den ein Herzinfarkt getroffen hatte und der auf dem Transport ins Krankenhaus sterben sollte. Ein anderer Fan, der auch versorgt werden musste, überlebte.

Und dann, erzählt Jan-Henrik, setzte eine Bewegung in der Masse ein. Das Wort vom Herzschlag und wohl bald schon vom Tod verbreitete und beschleunigte sich über alle Richtungen der Stehtribüne, um jeden Zuschauer dort zu erreichen. Doch »ein Zentrum«, »einen Taktgeber«, »einen Postboten« der Mitteilung gab es nicht. War es also eine Bewegung, eine Dynamik der Stigmergie? »Die Masse hatte die Entscheidung getroffen«, sagt mein Augenzeuge. Später »kündigten die mit den Megaphonen an, dass nicht mehr gesungen werden sollte«. Aber da war schon alles klar, »niemand hat manipuliert«. Wie genau es dazu kam, dass die Süd dann Minuten vor dem Ende des Spiels »You'll Never Walk Alone« sang, was sonst nie der Fall ist, und dann noch einmal, als die »Mannschaft andächtig und Arm in Arm« kam, weiß auch Jan-Henrik nicht.

Das Lied, 1945 vom Erfolgs-Duo Richard Rodgers und Oscar Hammerstein für das heute vergessene Musical »Carousel« komponiert, hat eine singuläre Geschichte und einen unüberbietbar eingängigen Text. 1963 war es dem legendären Liverpool-Coach Bill Shankly, aber vor allem den Liverpool-Fans in der erfolgreichen Version einer lokalen Gruppe von

Musikern zu Ohren gekommen, die an der Spitze der englischen Hitliste stand und deshalb im Stadion an der Anfield Road gespielt wurde. Doch als der Song nach einigen Wochen von den Charts verschwand und auch nicht mehr im Stadion gespielt wurde, protestierten die Fans, indem sie das Lied unabhängig sangen – und hatten sich, wie dreiundfünfzig Jahre später die Fans in Dortmund, tatsächlich als Masse entschieden. Seither wird »You'll Never Walk Alone« vor allen Heimspielen des FC Liverpool von den Fans aufgeführt und ist zum offiziellen Motto, ja sozusagen dem Wappenspruch des Clubs geworden. Neben Borussia Dortmund haben das Lied eine Reihe von Mannschaften unter anderem in Schottland, Holland und Griechenland als ihre Hymne übernommen, doch die Beliebtheit beim kollektiven Singen bleibt keineswegs auf den Sport beschränkt. Solche Popularität anhand von Melodien zu erklären, ist aber offenbar selbst für Spezialisten schwierig – es gibt da nur Erfolgsfälle, kein Erfolgsrezept.

Der Text immerhin bringt Standard-Motive aus der westlich-romantischen Lyrik-Tradition in seltener Dichte und Verflachung zusammen:

When you walk through a storm
Hold your head up high
And don't be afraid of the dark

At the end of the storm
There's a golden sky
And the sweet silver song of a lark

Walk on through the wind
Walk on through the rain
Though your dreams be tossed and blown

Walk on, walk on
With hope in your heart
And you'll never walk alone

You'll never walk alone

»Wenn sie ahnten, dass in dem Lied eine Lerche (»lark«) vorkommt«, sagt Jan-Henrik, »wären die meisten Fans auf der Süd ziemlich überrascht«. Doch was der Titel und der Refrain bedeuten, wissen sie alle. Und darum geht es natürlich in der Vorstellung der Fans, wenn sie die Stadionhymne vor dem Spiel singen. Sie sichern ihre Unterstützung – fast wörtlich: ihre Begleitung – der Mannschaft zu, die gerade in der Kabine sitzt und eher auf letzte Anweisungen des Trainers achten sollte. »You'll Never Walk Alone« ist dann vor allem eine Geste transitiver Hinwendung zu den verklärten Spielern; doch gewiss trägt sie auch dazu bei, Heimspiel für Heimspiel, die vierundzwanzigtausend BVB-Anhänger auf der Süd lateral zu einem Körper zu machen.

Und eben in diesem – anderen – Sinn haben die Fans wohl vor allem die Hymne am 13. März 2016 vor Spielschluss und nach dem Spiel noch einmal gesungen. »Für die Angehörigen«, wie die offiziellen Repräsentanten des Clubs später ganz erleichtert den Medien versicherten (so als hätten sie sich wirklich kundig gemacht) – aber auch für sich selbst. Zur Feier ihrer Gemeinschaft, an der sie hängen, und aus Trauer um den Einen unter ihnen, der gestorben war, gestorben in der Einsamkeit des individuellen Tods, soll man ergänzen. Sie sangen und machten den Einen gegenwärtig, der zu ihnen allen gehörte hatte, obwohl ihn nur wenige kannten. Diese schöne Umkehrung des Lied-Pathos auf die Gruppe erklärt wohl, warum die Spieler Jan-Henrik »andächtig« vorkamen, als sie, wie immer, zur Süd kamen – und, wie sonst nie, für ihre Fans und mit ihren Fans sangen, zusammen mit den Anhängern von Mainz 05 an der Nordseite des Stadions. Das war eine neue, eine andere Gemeinschaft – die jenen frühen Abend natürlich nicht überlebte.

Doch vielleicht trifft der Gedanke einer anderen, einer auf den mystischen Körper selbst bezogenen Bedeutung von »You'll Never Walk Alone« den Abend des 13. März 2016 in Dortmund auch gar nicht. Denn von Bedeutungen reden, hieße ja, die Süd zu einem Subjekt machen. Ich habe mir die Aufzeichnung der Szene in den letzten Jahren immer wieder vorgespielt, und oft packt mich ihr intensives Pathos, wie es die beste Predigt und die passendste

Musik bei einer Trauerfeier nicht hätten hervorbringen können. Es war eine zarte, aber nicht zerbrechliche Trauer in der körperlichen Präsenz von Vielen, Trauer im mystischen Körper als ein Trost, der Verlust gegenwärtig macht.

Zusammen-Denken

war der Rahmen für dieses kurze Buch über volle Stadien, das ich von der ersten bis zur letzten Seite in der leeren CORONA-Gegenwart schrieb. Das Thema war mir seit Jahren durch den Kopf gegangen und konkretisierte sich zehn Monate vor der Virus-Ankunft im Leben überraschend zum Projekt. Nie habe ich mich so sehr auf Ermutigung und Skepsis als gleich wichtige Außen-Impulse angewiesen gefühlt, und will mich dafür bei Freunden bedanken, die plötzlich gleich abwesend und gleich gegenwärtig wurden:

bei Peter Trawny, der an einem Frühlingsabend mit Sternen nach Weimar ausgerechnet kam wegen eines Essays über Sport-Zuschauer, und bei Vittorio Klostermann, der aus demselben Grund einen Sommerausflug zum Abendessen nach Kirchenbollenbach machte: ohne sie wäre ich nicht ans Schreiben gekommen; bei Malte Barck, weil er sich auf ein Manuskript einließ, an dem ihm gar nichts liegen konnte; bei Sebastian Boehme für die S04-Präsenz; bei Vittoria Borsò, weil sie auf Bücher wartet, ohne von ihnen zu wissen; bei Horst Bredekamp für Sport-Euphorie und Nähe, die keiner Versicherung bedürfen; bei Bliss Carnochan for two joint decades of San Jose Sharks; bei Julia Fischer für ihre Empathie mit den nicht-empathischen Primaten; bei Vittorio Gallese, tifoso del Parma; bei Gunter Gebauer für die besten Gegen-Sichten; bei Jochen Hieber, dessen grundsätzlich-Hoffenheimer Widerstand mich nicht vergessen ließ, wie unmöglich meine Position ist; bei Christian Kamp für anspannendes Warten und engagierte Reaktionen, aus denen Freundschaft für mich geworden ist; bei Pál Kelemen, weil er keinen Moment gezögert hat; bei Markus Langer für das Bestehen auf den Cover-Farben; bei Doris Lindner für ihre Phobie gegen Persönlichkeits-Exhibitionismus; bei Leonhard Moeckl, weil er die (anderen) Stanford-Fans für leidenschaftlich hält; bei Melanie Möller für die athletische Kraft in jeder Mail; bei Hans Neuschäfer für Wormatias Stahlrohrtribüne; bei Ludwig Pfeiffer für unvorhersehbare Reaktionen (mehr als ein halbes Leben lang); bei René Scheu für asymmetrische Gleichaltrigkeit; bei Rainer Schöbel für die roten Staubwolken auf dem Grand-Platz; bei Peter Sloterdijk, für die Überschrift des dritten Kapitels und die zugewandte Stadion-Distanz; bei Jan Soeffner, weil er sich nicht von Wegen ohne Endziel abbringen lässt; bei Nicolao Spadoni, weil er alles noch genauer wissen will; bei Isa Speh für die Überraschung, nicht überrascht zu sein; bei Thomas und Sissi Tuchel für die Grenze zur Verklärung; bei Christian Wollin für Reaktionen aus dem fünften Athener Jahrhundert und aus Jerusalem; bei Chris Young because he tells me about the real stadiums; bei Miguel Tamen, weil er sich von Freundschaft kaum blenden lässt und gelassen Einwände zu Motivationen macht.

Auf S. 100 dieses Buchs wird erwähnt, dass der spätere Papst Pius XII. während der Zeit des Nationalsozialismus Nuntius (im Sinn von: »Botschafter«) des Vatikans in Berlin war. Diese Feststellung trifft nicht zu. Eugenio Pacelli, der spätere Papst Pius XII., wurde im Dezember 1929 von Berlin abberufen, um Kardinal mit Funktionen im Vatikan zu werden.

Der Autor

Dieser Fehler fiel erst nach Druckbeginn auf und konnte leider nur noch hier berichtigt werden.

Der Verlag